《英雄》の世紀

ベートーヴェンと近代の創成者たち

樺山紘一

講談社学術文庫

はじめに

いまわたしたちが生きている世界は、しごく散文的に平準化されてしまった。こんな時代に、英雄とか超人とかをことほぐなど、想像だにしえない。そもそも、強大な権力を創設することが、かえって人類の存続をも危うくしかねないと認識したからには、もう偉大さや崇高さをもとめることすら、憚《はばか》られる。たかだか、芸能やスポーツなどポピュラーカルチャーの領界にあってのみ、かろうじて英雄はなりたちうるのだろうか。しかも、アメリカ合衆国のような、ごく特殊な現代社会においてだけ。

けれども、周知のとおり、英雄（ヒーロー）や超人（スーパーマン）が、かつての時代の精神を代弁し、ひとびとの心底をゆすぶった事例にはことかかない。いずれの古代文明にも、神話の体系をささえ、伝説を彩る多様な英雄の事蹟がきざみこまれている。あるいは、常人をもってしてはとても並びえないほどの、超絶の才能をしめす万能人が、近時にあっても、ときおり姿をあらわすことがある。

だが、ヨーロッパの歴史にかんしていえば、本来の意味での英雄像の出現は、一九世紀の特異現象であった。ロマン主義の文芸思潮が、個人の才覚の最大規模の拡張をうながし、これにともなって、才気と権能とをほこる英雄の登場をきたしたからである。各地・各国にあって、それぞれの事情があったとはいえ、あるひとつの作品がそれにきっかけをあたえたのは、確かなようだ。一八〇四年に作曲された第三交響曲《エロイカ》である。「シンフォニア・エロイカ」が正確な名称である。俗につたえられるところでは、作曲者ルートヴィヒ・ファン・ベートーヴェンは、この第三交響曲にナポレオン・ボナパルトの名を付して、献呈する心づもりであったという。ナポレオンが皇帝に即位したとの報に接したベートーヴェンは、落胆のあまり、その標題をあらためて「英雄交響曲」として発表したともつたえる。

たしかに、ベートーヴェンにとって英雄とは実在する観念であった。それがよし、ナポレオンという固有名詞でないにせよ、いずこかに探索しうる偉大な人格の代名詞であることは、否定しえない。一八世紀から一九世紀にかけてのヨーロッパにおいて、いったいどうして、英雄は鮮烈なリアリティでありえたのか。しかも、ナポレオンに蹂躙《じゅうりん》され、みずからの自前の代表者をもちえないドイツの市民たちにとってすら、アクチュアルな問題意識の対象でありえたのか。

わたしたちは、これからひとりのドイツ人作曲家ベートーヴェンを道連れとして、その英雄の時代にわけいってみたいと考えている。その道程は、さしあたりはベートーヴェンにまつわる事情をさぐりつつ、この巨大な古典楽派作曲家の生涯をたどることになろう。けれども、その意図はといえば、ベートーヴェンの幅広の傘のもとで展開した、同時代の急激なうねりの実相を解明したいとの戦略を実践することにある。一見するところ、ヨーロッパにあっても後進の地位をまぬがれなかったドイツが、思想と芸術において、はからざる英雄故郷となって飛翔する雄姿を、再現してみたいのだ。

ほとんど中世にまでさかのぼる悲運の政治的混迷のなかで、しかしドイツ人が指向した英雄伝説の実りを発掘する必要があるのではあるまいか。それは、ことによると、いまや権力や致富によっては達成することが不可能になった英雄像の創造が、思想や芸術によっては、意外な可能性をさししめすかもしれないとの予感にしたがってもいる。わたしたちは、ふたたび実りのある「英雄の世紀」を、二一世紀に再発見できるかもしれないのだ。むろん、これは一九世紀のロマン派文芸家たちが構想したものとは、はなはだ異なったものとなりうるにしても。

本書は、もとはといえば、『ベートーヴェン全集』(全一〇巻、講談社、一九九七―二〇〇〇年)に連載した同名の既発表稿にもとづいている。その一部を割愛したほかは、ほとんど原文のままである。同全集にあってお世話いただいた小宮浩氏、および今回の講談社現代新書での編集にご尽力いただいた阿佐信一氏のご厚意に、心からお礼を申しあげる。

二〇〇一年一二月

樺山紘一

目次

《英雄》の世紀

ベートーヴェンと近代の創成者たち

第一章　英雄《エロイカ》の世紀

ふたつの世紀

ベートーヴェンは、一七七〇年一二月、ドイツのボンに生まれた。五六年の生涯をウィーンでおえたのは、一八二七年三月のことである。その生涯は、一八世紀と一九世紀とのふたつを、ほぼ三〇年ずつ覆うことになる。じつは、これはたんなる数字合わせではない。というのも、ふたつの世紀とは、とりもなおさず、ふたつの体制、ふたつのシステムに対応するからである。一八〇〇年をほぼ明確な境界線として、ヨーロッパ世界は新旧、前後の両時代にわけられる。ベートーヴェンは、この境界をみずから乗りこえ、激動の世界を生きぬくことになる。

ルートヴィヒ・ファン・ベートーヴェン（L．ルトロンヌ作の鉛筆画にもとづくB．ヘーフェルの銅版画、ベートーヴェン＝ハウス、ボン）

まことに、それは変動の時代であった。ヨーロッパ世界の構造が、全体としてゆるぎつくす時代。まずは、その変動の光景を眺望するところから、始めよう。

その半世紀あまりは文字どおり「革命」の時代であった。いくつかの革命が同時に進行した時代といってもよい。「産業革命」という経済における革命は、ほぼ一七七〇年代にまずはイギリスで開始された。蒸気機関というエネルギー革命を中核として、機械による生産が工場をかえ、産業と社会を変革した。一九世紀にはフランスをはじめとするヨーロッパ大陸に伝播《でんぱ》した。

だが、さまざまの革命のうちでも、とびぬけた衝撃をもたらしたのは、いうまでもなく政治における変革である。政治の制度とその担当者とが、激烈に変化した。同時代人はだれであれ、この変革にまきこまれ、自分のありかたを変えざるをえなかった。むろん、当のベートーヴェンもおなじく。

一七七〇年生まれのベートーヴェンとともに時代をたどりながら、その革命の進行をおいかけることから始めたい。

合衆国誕生とフランス革命

この政治上の革命は、ふつうわが国では、「市民革命」とよばれる。古い貴族たちの政治から、あらたな市民による政治と国家が、激烈なプロセスをとって誕生したからである。ベートーヴェンがまだ五歳の幼児だったころ、そのドイツからはほど遠い大西洋のかなたで、革命の幕がきっておとされた。「アメリカ独立革命」という変革である。一七七六年七月四日、イギリスの植民地である北アメリカ諸州の住民が、宗主国からの独立を宣言した。じっさいには、この宣言は、真の独立を達成するためのながい闘いの出発点にすぎなかったが。

ジョージ・ワシントンを司令官とする北アメリカ諸州軍は、本国の強大な戦力をまえに、苦しい戦局をしいられた。ほぼ通算七万人という戦死者をだしたという。だがさいわいにも、アメリカはイギリスからみれば、大西洋をはさむ遠方にあった。植民地駐屯軍に援軍をさしむけるには、多大な犠牲をはらう必要があった。しかも、イギリスにたいして外交的に敵対するフランスとスペインが、ことごとに妨害をはたらきつづけた。数かずの戦闘ののち、一七八一年に要衝であるヨークタウンが独立軍の手におち、戦争の帰趨《きすう》はきまった。イギリス政府は、独立を承認せざるをえなかった。

一七八三年、イギリスはフランス政府の仲介をえて、講和会議への出席に同意した。ヴェルサイユで開かれた会議で、イギリスは不名誉な敗北をみとめた。その国が、軍事上の敗北をみとめたのは、なんと中世の百年戦争以来はじめてのことであり、また、今日にいたるまで絶後の異変であった。植民地の独立をしぶしぶながら承認し、フランスやスペインにアメリカでの領土を割愛する。

一三州からなる独立アメリカ、つまりアメリカ合衆国は、戦争の大義名分となった政治の変革を推進しようとする。自由と平等、そして数かずの人間的権利の尊重。どれもが、イギリス植民地政治の否定であり、さらには政治についての理念の変革を意味していた。すでに、近代政治のしくみを実現していたはずのイギリス本国にたいして、それのより徹底した推進をもとめたのである。

古い政治をささえる貴族や大農場主の特権は、すっかりと否認された。平等な権利をもつ市民だけが、公平なルールにしたがって、政治のすがたを決定することができる。独裁的な特権を防止するための、賢明なバランスがこころみられた。市民は、ひとしくこの民主政治を支援する義務がある。二世紀のちにまで、合衆国にうけつがれる、自由な市民の連合という美しい理想が、この地上にはじめて実現したのであった。この理念を体現した憲法は、一七八八年に発効した。

合衆国誕生のニュースは、やがて少年ベートーヴェンの住むヨーロッパに、反響をもたらすことになる。憲法発効の翌年一七八九年には、独立の介添え役を演じたフランスに、波及した。アメリカからの援助要請使節として、かつてフランスを訪れたベンジャミン・フランクリンの刺激もあっただろう。だが、フランスではすでに、体制の変革にむけて気運は熟しつつあった。国王ルイ一六世と貴族たちの無能にいらだって、すでに国王の政府は、改革が不可避であることを理解していた。貴族の特権にかわって、産業や資本を手にした市民たちの力量を国益にむすびつけようと、努める。

だが、この努力は、旧来の特権の擁護にふける貴族の反発をうけ、ますます事態の困難さを告知するばかりである。アメリカ独立の若々しい理想に共鳴するフランス人が、市民による政治の主張を語りはじめる。憲法を作成しようとする議会（三部会）が開設され、理想を発言する場所が用意された。

そんな折もおり、一七八九年七月一四日、パリのバスティーユ監獄が、パリの住民たちによって襲撃されるという事件が突発した。住民の要求は、ただ抑圧の停止とパンの供給による食糧事情の改善であった。しかし、すでにアメリカにならって憲法の制定をもとめだしていた少数の貴族や市民たちは、バスティーユ事件をきっかけとして、王国の体制自体の変更をもとめるようになってゆく。これこそ、のちに「フランス革命」とよばれる長い変革の幕あけである。

八九年八月、議会は「封建的特権の廃棄」を宣言する。旧体制（アンシャン・レジーム）は、翼をもがれる。貴族たちは、政治の主導権をゆずりわたす。特権ではなく平等が、身分ではなく自由が、そして独裁による強制ではなく、人類共通の兄弟愛（博愛）による連帯が、政治の原理であると了解される。八月二六日、「人権宣言」がでる。これはまさしく、アメリカ憲法の基礎となったいわゆる「ヴァージニア権利章典」のフランス版である。自由・平等・博愛。フランス三色旗に表現される理想が、登場する。一七八九年、ベートーヴェンは一八歳の青春を生きている。

革命は、二年次以降、とどめようもなく進展する。貴族がもつ特権の制限から撤廃へ。そ

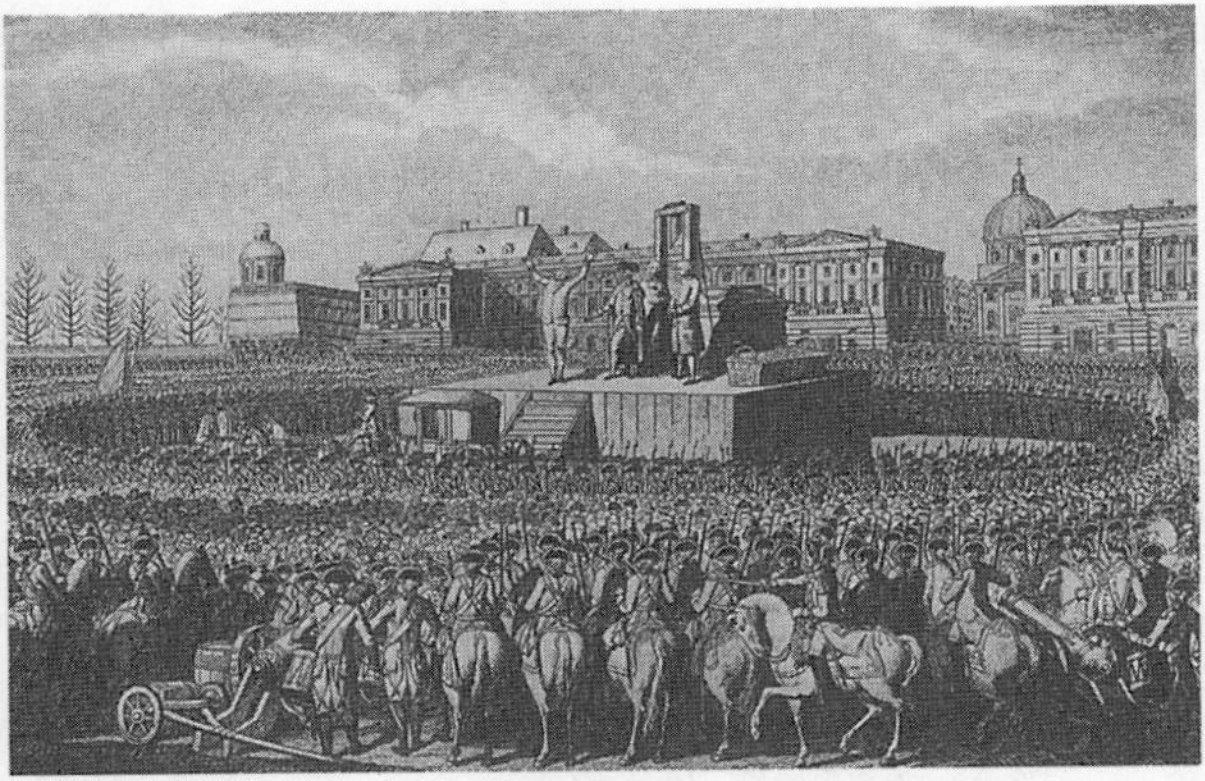

「フランスの民よ！　我は罪もなく死ぬ」と叫ぶルイ16世（銅版画、1793年、ウィーン博物館）

してキリスト教会を国家政府の統制下において、独立した権力としての専横をゆるさないという、いわゆる「世俗化」。一七九一年、革命のあまりの速度に恐れをなした国王ルイ一六世が、ひそかに国外逃亡をはかるというハプニングがあった。外国勢力とはからって、旧制度への復活をくわだてようというものだった。すでに、亡命した貴族たちが、国外で手びきしたものと思われる。

逃亡は失敗した。民衆の感情は、にわかに国王にたいして厳しくなる。まだあらかたは、王政自体の転覆までを想定していなかったのだが。九一年九月、新憲法制定。ついで、議会の成立。そこでは、革命の徹底度をめぐる意見の相違が、はっきりと表面化した。穏健派から急進派まで、諸党派が林立する。

フランスにおける事態の急変におどろいた周辺の諸国は、亡命貴族たちのうながしもあって、包囲作戦のために連合した。対フランス同盟である。ベートーヴェンのドイツは、いまや反革命の拠点となる。これに敏感に反応したフランス人たちは、かえって祖国の防衛をとなえて国軍を強化し、前線におどりでる。改革のスピードが、ますます上昇する。こうして、国王への反感がいやまし、一七九三年一月、ルイ一六世処刑にまで、いきつく。フランスとヨーロッパは騒然とした雰囲気につつまれだした。

それからが、革命の恐怖政治の登場である。党派争いは、政敵へのテロと処刑をさそいだした。急進派ジャコバン・グループが、独裁権力を掌握する。翌一七九四年までのほぼ一年間、いわゆるジャコバン恐怖政治が、フランスを荒れくるった。多数の政治家、市民が断頭台の露ときえた。そして最後には、ジャコバン指導者ロベスピエールまでもが、処刑される。革命運動の力学が、その極点にまで達して、逆戻りがはじまるのは九四年七月のことであった。

ベートーヴェン、二三歳の秋《とき》である。二年前、青雲の志をいだいてウィーンにやってきたベートーヴェンは、フランス革命政府にたいする最大の反対勢力、つまりハプスブルク宮廷のまぢかで、西方における事態の推移を、息をひそめて見守っていたはずだ。ウィーンは反動の都ではあった。けれども所詮は、とおい西方の事件である。まして、そのほかのドイツ領邦では、フランスでおこっている事態について、情報もとぼしく、理解のための鍵も欠けている。

フランス革命は、アメリカの独立革命よりは、はるかに深刻な変革であった。数百年にわたって成熟してきた旧制度の社会を、根底から転覆させる革命であったから。自由・平等・博愛の理想の鋭さと、人間たちの泥まみれの愛憎とが、きわどく交錯して、高いトーンのドラマに結実した。断頭台と戦場とで失われた生命は、数十万人に達する。ベートーヴェンをふくむ同時代人にとって、革命が発するメッセージは、すこしずつ重みをましてゆくだろう。

ジャコバン独裁が崩壊したのち、変革の針はもどりはじめる。修正がこころみられる。だが、外国からの圧力は減退しない。その膠着を打破しようとして、強力な政治力への期待がつよまった。ナポレオンが若い陸軍伍長として脚光をあびるのは、世紀もおしつまってからである。歴戦の勝利をもって信頼をかちえたナポレオンは、一七九九年一一月、クーデタによって政権を獲得し、独裁による事態の収拾にとりかかる。いよいよナポレオン時代の開始である。そのときベートーヴェンは、二八歳。おくての男はようやく、ウィーン貴族社会で音楽界の新星として名を知られる程度である。

伝播する革命

北アメリカとフランスとで進行した政治の革命は、いくらかの波紋を諸国にまきおこしたものの、まだ同情や共鳴の嵐をふかせるにはいたらない。ロベスピエールの恐怖政治への反感が、革命の真価への疑問をうながしもした。「市民革命」は、ごくかぎられた国だけで成功したかにみえる。

けれども、波及はしだいに大きな結果につながる。アメリカ大陸では、植民地独立の気運がかたられるようになる。カリブ海のハイチで、黒人住民が反乱をおこした。宗主国はフランスである。独立をもとめる「自由」の理想は、宗主国支配下での「自由」をうわまわったのである。一八〇四年、ハイチには黒人による政権が成立し、アメリカ憲法のモデルのもとで近代国家への道が模索される。

やがて、この波は中南アメリカに伝播する。そこには、スペインとポルトガルの巨大な植民地がよこたわっていた。いくらか遅れてのことだが、一八一〇年代のおわりころから独立の主張がたかまった。北アメリカとおなじく、植民地のヨーロッパ系住民が本国の抑圧をきらい、自由の名のもとに、あらたな政治制度の創設を希求しはじめたのである。現地生まれのヨーロッパ人、ふつうクリオーリョとよばれる住民は、独立軍を組織して本国軍を撃破し、一八二〇年代初頭から、あいついで独立国家を建設する。ヨーロッパ支配の転覆と自立は、同時に古い王権による統御から、近代民主政治の原理への移行をも意味した。

北アメリカ東岸にはじまり、ヨーロッパの西岸をめぐって、ふたたび中南米にもどる革命

ナポレオン・ボナパルト（ダヴィッド作、ルーヴル美術館）

の大波。これらを総称して「大西洋革命」とよぶのも理由のあるところである。

アメリカ合衆国の独立の一七七〇年代から、中南米諸国の独立の一八二〇年代にいたる五〇年間は、政治の変革にむかう半世紀となった。じつに偶然とでもいうべきだろうが、この半世紀こそ、ベートーヴェンが生きた五六年間に、正確にかさなる。激動の世界のただなかで、大作曲家は生涯をおくったのである。ただし、まだその故郷ドイツには、変革の波はおしよせはしなかったかにみえる。ドイツは、大西洋に面していなかったから。

とはいえ、フランスの革命は、世紀がかわって一九世紀になると、ひとりの将軍の名のもとにベートーヴェンの国にも輸出されるようになる。ナポレオンのヨーロッパ軍事制圧は、力ずくでドイツとその周辺国家を変容させるようになる。遠征はただの権力欲の表現だったかもしれず、大フランス建設の野望のためだったかもしれないが、結果は予想をこえていった。

政権につく直前のエジプト遠征、ついでイタリア遠征。いずれも、速戦即決の軍事天才が、あますところなく発揮された。中世以来、多数の小国にわかれていたイタリアには、ナポレオンの息のかかった新政権が樹立される。ついでは、最大の敵国のひとつ、オーストリアである。ドイツを横断したナポレオンは、ウィーンをめざし、一八〇五年一一月、ついにハプスブルクの首都を制圧して入城をはたす。ドイツは、皇帝の権威をうしない、帝国としてのたががはずれてしまう。一八〇六年、じつに八五〇年近くも生命をたもった神聖ローマ帝国は、ナポレオンの前で解体された。ベートーヴェンの国ドイツは、フランス人保護者をいただき、栄光を剥奪された落魄《らくはく》の醜態をさらすのみである。

ナポレオンは、いまひとつの敵国イギリスにたいしては、その海軍力を打破できずに苦戦をしいられるが、大陸にあっては、ますますその栄誉をましていった。スペインのブルボン家を追放して、みずからの親族を王にすえる。オランダにもおなじく、ナポレオン王族が出現する。

一八〇四年に、みずから名乗りでてフランス皇帝に即位してから、四年間ほどが、ナポレオンの全盛期であった。むかうところ敵がいない。一八〇五年一二月、アウステルリッツの戦勝。オーストリアの皇帝フランツ二世と、ロシア皇帝アレクサンドル一世との連合軍は、もろくもフランス皇帝軍のまえにやぶれた。「三帝会戦」の名で知られるアウステルリッツの会戦は、フランスの戦力をひろくヨーロッパに印象づけた。つぎの年の一〇月、こんどはプロイセン軍との遭遇がまっていた。イエナ・アウエルシュテットの戦いである。ここでも、ナポレオン軍は、完勝をおさめる。旧態依然のプロイセン軍は、はじめて国家の無能をさとらされる。そのとき、ベートーヴェンは三五歳である。

時代は英雄を待望する

一八〇四年五月一八日、ナポレオンは皇帝に即位した。フランス人は、はじめて自国を帝国とよぶ。ベートーヴェンが、このニュースを聞いたときの反応は、きわめてよく知られているところである。楽譜の表紙を破りすてた、と。

フェルディナント・リースなる弟子が証言するところによれば、

ブオナパルテ〔ナポレオン・ボナパルト〕が自らを皇帝と称したという情報を最初に彼に伝えたのは私である。それを聞くと、ベートーヴェンはかっとなってこう叫んだ。「それでは彼もやはり、普通の人間と変わらないではないか。今や彼もまた人間のあらゆる権利を踏みにじり、自分の野心だけを満たそうとするだろう。彼はほかの人たちの上に立つことで得意になり、暴君となるだろう。」ベートーヴェンはテーブルに近づき、その表題のページの上の方をつかむと、それを二つにちぎって床に投げ捨てた。最初のページは書き直され、そのとき初めて、この交響曲は《シンフォニア・エロイカ》〔英雄交響曲〕という題にされたのである。（メイナード・ソロモン『ベートーヴェン』徳丸吉彦・勝村仁子訳、岩波書店による）

もともとは、「ボナパルト」なるタイトルをもつはずの第三交響曲は、「英雄」にあらためられた。この証言は、ほとんど伝説のようになって、無数に引用されてきた。信憑性については、むろん疑いをいれることが可能だろうが。人類の解放を保証する偉人から、たんなる権力亡者への転落。一八〇四年の事態を説明し、あるいはベートーヴェンの人類愛を証明するための伝説として、このうえない物語であろう。ことの次第は、ここではこれ以上は追究しないことにしたい。

だが、いずれにせよ、この交響曲は「英雄」とよばれるのであって、「英雄なるもの（エロイカ）」への信頼と期待とは、ベートーヴェンの心中に脈打っているのであった。それがよし、ボナパルトという名のコルシカ貴族でないにせよ、一八〇四年のドイツ人作曲家は、曲を捧げるべき対象を想定していた。フランスの革命に発する政治の大変動のただなかで、これに最終的裁可をあたえ、混乱に終止符をうちうる英雄が、ヨーロッパに出現すべきであった……。

時代は、英雄を待望している。古い体制は、音をたててくずれつつある。それにかわって、人類に希望の灯火をともす大事業が待たれる。凡庸な政治家や軍人のよくなしうるところではない。未来を告知し、人類史に燦然とかがやくようなエロイカよ到来せよ。時代は英雄を共有すべきであった。《英雄》交響曲は、そのようにして制作され、またそのように聴取された。

ヘーゲルが目撃したもの

ベートーヴェンとちがって、まさしくナポレオン・ボナパルトに英雄の姿を確認したいまひとりのドイツ人がいる。かれは、一八〇六年、イエナ・アウエルシュテットの戦いにおいて勝利して、イエナ市に傲然と入城する皇帝を目撃した。一言つぶやいたという。「あそこに馬上の絶対精神がいる」と。むろん、哲学者フリードリヒ・ヘーゲル（一七七〇―一八三一年）である。ヘーゲルはそのときイエナ大学の講師として、哲学を講じていた。

ヘーゲルはいま三六歳の気鋭。じつは、ベートーヴェンとおない歳である。チュービンゲン大学で学び、そこでシェリングやヘルダーリンといった将来を嘱望される知性と出会った。とりわけシェリングの観念論に影響されて、おなじ道を歩みはじめた。そこへ、隣国の革命のニュースがつたわる。興奮のうちに、革命の推移をみまもる。だが、いまだ二〇歳代の観念論者にとって、ロベスピエールの恐怖政治とその没落は、政治上の理想の危うさの証明とおもわれた。人類の未来は、革命の信念だけで保証されるわけではない。

この目まぐるしい現実の変動に接しながら、ゆるやかにではあるが、ヘーゲルは独自の「絶対精神論」を形成してゆく。つまり、世界の歴史は、理性の名のもとに人類の運命を左右する強大な絶対精神がみちびくのだ。ひとびとの周辺に現象するところのものは、ただ絶対精神、もしくは世界精神が外面の形姿をとった結果にすぎない。理性の弁証法によって、絶対精神は変動や進歩を実現してゆくのであり、革命ですらその典型的な表現にほかならない……。

そう理解しはじめたイエナのヘーゲルが、馬上のナポレオンに讃仰の言葉を発したとしても不思議ではない。ベートーヴェンとちがって、ヘーゲルは書きつけのノートを破棄するどころか、確信をもって絶対精神の自己外化という理論の証明を自負したであろう。ヘーゲルは「英雄の世紀」の本性を、観念論哲学者としてみごとに看破した。のちになって、ヘーゲルはこの信念を整理だてて表明するはずである。

『歴史哲学講義』は、晩年のヘーゲルがベルリン大学においておこなった講義録によるもので、確実なテキストとしてのこされたものではない。だが、二十数年もさかのぼって、イエナ時代の講師としてナポレオンを目撃して発したあの台詞は、ヘーゲル哲学の要諦にぴったりと合致するものであることをおしえる。そこでは、ヘーゲルは歴史をうごかす時代的人物について考察し、絶対精神の世界性を実証しようとつとめる。

「歴史における理性とはなにか」を論じながら、ヘーゲルは理性の原理である自由を実現する主体として、偉大な歴史的人物をとりあげる。「歴史的な大事件の場合には事情がちがいます」と、切りだすと

フリードリヒ・ヘーゲル（J. シュレジンガー作、ベルリン美術館）

1806年10月27日、ベルリンに入城する馬上のナポレオン
(シャルル・メニエ作、ヴェルサイユ宮殿美術館)

きに、ヘーゲルはたとえばフランス革命を念頭においていたであろう。以下、ヘーゲルの議論をきこう。

ここでは、現行の公認された義務や法律や正義と、それに対立する可能な義務や法律や正義とのあいだに、大きな葛藤が生じ、新しい秩序が古い体制を傷つけ、その基礎と現実性を破壊し、しかも新しい秩序自体が、よいもの、全体として利益をもたらすもの、必要不可欠なもの、と思えるような内容をもつのです。そして、この新しい可能性がやがて歴史にうけいれられる。それは、民族や国家の現存体制の基礎をなすような一般理念とは、別種の一般理念をふくみます。その一般理念は、生産力のある理念の一要素であり、自己実現に邁進する真理の一要素であって、歴史的人間ないし世界史的個人とは、そのような一般理念を目的とする人物のことです。(『歴史哲学講義』長谷川宏訳、岩波文庫に

よる）

むろん、大事件とはフランス革命、世界史的個人とはナポレオンと読みかえてさしつかえない。ナポレオンは、一民族たるフランス人の真理ではなく、人類に一般的な理念を追究したのだと、理解できる。いますこし、説明をきこう。

> 歴史上の偉人とは、自分のめざす特殊な目的が、世界精神の意思に合致するような実体的内容をもつ人のことです。偉人が英雄とよばれるのは、その目的や使命を、現存体制によって正当化されるような、安定した秩序のある事態の動きから汲みとるばかりでなく、内容が隠されて目に見える形をとらないような源泉からも汲みとってくる場合にかぎられます。その源泉とは、いまだ地下にひそむ内面的な精神ともいえるので、この精神は種子の殻をたたくように外界をたたき、外界をこわしてしまう、――つまり、英雄とは自分のなかからなにかを創造するように見える人物のことであり、その行為が、かれのもの、かれの作品であるとしか思えない事態や状況をうみだす人です。（同前掲書）

「世界精神」、もしくは「絶対精神」が地上に姿をあらわしたとき、これは偉人とか英雄とかの名でよばれる。

世界史的人間、ないし、時代の英雄とは、洞察力のある人びとと考えるべきで、その言動はその時代にあって最上のものです。偉人は他人を満足させようとするものではなく、自分の満足をねらいとします。かれらは他人から善意の忠告や助言をあたえられたりもしますが、それらは偏狭で、いい加減なものが多い。事態をもっとも正確に理解しているのは偉人たちで、まわりのすべての人は偉人に教えられて事態をとらえるか、少なくとも、事態にうまく対処するかするのです。(同前掲書)

これ以上、引用をつづけることもあるまい。ヘーゲルは、歴史上の偉人、英雄の名を多数あげてはいないが、アレクサンダー大王やカエサルとならび、ごく当然のこととしてナポレオンを引例している。若い日、イエナの市内で目撃して以来、その没落をもみぬいたのちにも、英雄ナポレオンのよってきたるところを、解明したいと願ったのであろう。『歴史哲学講義』は、哲学者による「英雄の世紀」の目撃録である。

「市民革命」の行く末

ヘーゲルは、ベルリン大学の講壇にながくたったのち、一八三一年に世を去った。おない歳のベートーヴェンにおくれること四年である。ほとんど、ふたりはおなじ時代を生きた。大西洋革命の嵐がふきあれ、フランスの革命がヨーロッパ全土を攪乱《かくらん》した半世紀余である。ヘーゲルは、ベートーヴェンともおなじく、その革命の進行を緊張をもってみまもった。「市民革命」のめざすところを、きびしい吟味眼でもって批評した。哲学者は、音楽家よりははるかに政治にたいする現実感覚あふれる思考を要求されよう。大西洋革命からとりのこされたドイツにあって、革命の理念のありどころは、つよい関心の的でありつづける。

あの恐怖政治、あの英雄ナポレオンの勝利と没落、そして革命がうみおとした新たな社会の現実。多くのドイツ人とともに、ヘーゲルも疑念をもって、革命の行く末をみまもる。「市民社会」とよぶべき革命後の社会は、その理想とするところを、まっとうに実現しえたのか。いや、市民たちが、自由と平等と博愛をとなえて、ついに旧体制を破棄したあと、その自由はどのような形で社会を率いていくのか。そもそも、ヘーゲルはあらゆる歴史は自由の実現の過程であると、確信していたのだが。

ヘーゲルは、市民による政治の達成を楽天的に待望しない。それは、ただ自由な欲望の達成にむかうだけのことであり、自由の実質はかえって、醜悪な利益追求に転落しよう。ヘーゲルの予言はあらかた当たった。フランス革命後の社会は、古い貴族の横暴から、新たなブルジョワの専横に移行しただけのことだったから。

結局、ヘーゲルは「市民社会」の完成に期待をよせることを禁ずる。それにかわって、国家こそが、人類の自由の実現者として登場するだろうと推測した。「（共同体の）本質とは、主観的な意思と理性的な意思とを統一したもののことで、ここに共同体としてのまとまり——国家——が登場します。国家とは、個人が共同の世界を知り、信じ、意思するかぎりで、自由を所有し享受するような現実の場です」（同前掲書）

歴史上の英雄、偉人がその行為を達成するのも、国家の形成と発展をつかさどることによってである。国家のないところに、歴史はない。ヘーゲルのこの見方は、かれのよりどころとなったプロイセン国家のイデオロギーとしてみれば、どこにも不自然なところはない。アレクサンダー大王もカエサルも、そしてナポレオンも、人類の自由をもとめて、国家の完成をめざした。英雄は、凡庸な「市民社会」にではなく、発展し完成にむかう国家にあってこそ、可能になるものであった。

ヘーゲルは、一八世紀から一九世紀にむかうヨーロッパ世界のなかで、なにかごく反動的な言動をはいているのであろうか。そうではあるまい。アメリカ独立革命からフランス革命、そしてラテンアメリカで継続された「市民革命」の世紀にあって、これの目標や現実をつぶさに観察しながら、ドイツ人なりの結論を引きだしたのであった。それもまた、激動の半世紀からの発言として、しごく率直にリアリティを表明している。

ベートーヴェンの生きた時代、つまりヘーゲルの時代でもあるのだが、これを全体としてみわたす視座をもとめて、アメリカからドイツまで、激動する世紀をひとわたり旅してみた。そこには、なににもまして「エロイカ」の影が濃厚におちている。ナポレオンという「英雄」は、ことによると、ひとつの幻影にすぎないかもしれない。だが、多数の「世界史の偉人」たちが、まだまだ肩をならべて、「英雄の時代」を演じているのではないか。変革にたずさわった政治家・軍人たち、つまりワシントンもフランクリンも、ロベスピエールも英雄と名づけてよかろう。いや、政治ばかりか産業にも芸術にも英雄の名にあたいする巨人たちが頭をならべる。そもそも、ベートーヴェンとヘーゲルという、おない歳のドイツ人こそが、英雄の筆頭にたっているようにもみえる。ときは、「英雄の世紀」であった。

わたしは、これからその「英雄の世紀」を、たどりたいと考えている。「世界精神の事業遂行者たる使命をおびた世界史的個人」（ヘーゲル）としてのエロイカは、あらゆる領域に姿をあらわすことであろう。第三交響曲《英雄》は、一八〇三―〇四年に作曲されたが、じつはすでに一八世紀からその序曲を鳴らしはじめ、ベートーヴェンの生涯をとおして鳴りつづけた。それは時代の主題曲であったのだから。

第二章　啓蒙の賢人から普遍の天才へ

零落のドイツ

一八〇六年一〇月一四日、プロイセン軍はナポレオン率いるフランス軍に惨敗を喫した。イエナ・アウエルシュテットの戦いとよばれる。九万のフランス軍は、ホーエンローエ将軍のもとにある五万五〇〇〇のプロイセン軍をイエナにおいて蹴ちらかす。おなじ日の夕刻にはその北方にあるアウエルシュテットでも、おなじ結果となった。

八五〇年ちかく持続した神聖ローマ帝国は、直前にナポレオンの手で解体されていた。多数の領邦は、ナポレオンのもとにライン同盟を結成し、ハプスブルク朝オーストリアは、東方の一国におちぶれた。ドイツにとって最後の防衛線というべきプロイセンは、正面からの対決をいどんだが、みじめな敗戦。強大さをほこったプロイセンの鼻柱は、もろくもへしられた。イエナ大学員外教授の職にあったヘーゲルがナポレオンをみたのは、この敗戦のときであった。

旭日の勢いのフランス軍によって蹂躙されるドイツとプロイセン。だが、プロイセンの挫折はこのときにはじまったわけではない。それから遡ること一四年、最初の対フランス軍事衝突がおこった。一七九二年九月、プロイセンの正規軍は、オーストリアほかの友軍とともに、フランス国境をこえてマルヌ地方のヴァルミでフランス軍とむきあった。激化するフランス革命に恐れおののいたドイツ諸邦が、対仏同盟の一環をなして圧力をかけたのである。フランス側は、いまだ戦列も整わない革命民衆軍。かつてルイ王朝時代にヨーロッパ最強をほこった軍隊とは、比較にもならぬ。勝敗は、おのずから明らかであるかにみえた。ところが、ドイツ連合軍は、逆にフランス民衆軍に包囲され、はげしい砲撃をくって退却を余儀なくされた。つめたい秋雨のふる戦線で、ドイツ人たちは、惨めな敗走を経験する。革命の大義で武装した民衆と、ただ帝国の面目ばかりで参戦した兵士たちとの、あきらかな戦意のちがいの結果だった。ヴァルミの敗戦。

この遠征軍のなかに、すでに文名もいちじるしい作家ゲーテがいた。ワイマール政府の要人として参加したゲーテは、ちりぢりとなったドイツ軍のなかで、敗走路もわかちがたく、ただ後方にむけて身の安全を確保するばかりであった。ヴァルミの戦いのその夜、つまり一七九二年九月二〇日、ゲーテは敗軍の兵にむけていったという。

「諸君、ここから、そして今日から、世界史の新しい時代が始まる。諸君は、そこに居合わせたということができるのだ」

この発言は、しごく有名となり、ゲーテの時代感覚をよく表現したものとして、しばしば引用される。もっとも、目撃記録には疑問もあり、いささか首尾一貫しないところもあって、いちおうカッコにいれておこう。だが、いずれにせよ、フランス革命からナポレオンにいたる激動のヨーロッパを、ドイツ人として体験したゲーテにとっては、ヴァルミこそかれ自身の「新しい世界史」の開幕であることは、皮肉ながら、事実であった。

ゲーテと一八世紀

ヨハン・ヴォルフガング・フォン・ゲーテは、イエナ大学の同僚であるヘーゲルよりも、そしてむろんおなじくベートーヴェンよりも、二一歳の年長。ヴァルミの年には、四三歳の男盛り。ワイマール政府の宰相をつとめ、勇退してのちも枢密参議員をつとめ、カール・アウグスト公の信頼もあつい賢明な政治家である。領邦と帝国の事情からやむをえない遠征だったとはいえ、ゲーテにとってヴァルミの戦闘は、気分のおもい義務感からの仕事であったろう。

だが、いったん明白な敗戦に直面してみれば、フランスとドイツとの国情のちがいや、さけがたい革命の進行について、深刻な認識をしいられることになった。零落してゆくものの焦燥、勃興するものの勢力。世界史はいまおおきな転換点にたっている。

けれども、そのゲーテ自身にとっては、ドイツで具現化しつつあった転換がなければ、ただの受動体験におわったであろう。ゲーテは、フランスで生起する革命とはいたって異質であるが、やはりもうひとつの革命に参加してきたのであるから。一八世紀から一九世紀にかかる数十年のあいだ、ドイツには激流のような知的革命がおこっていた。ゲーテは、その奔流のはざまに揺られつづける。八三歳の長寿にめぐまれたかれは、その知性の一員として、ヴァルミとイエナの敗戦ばかりか、およそ当時のドイツ人が遭遇したあらゆる経験を共有しつつ、「世界史」の変動を目撃しつくしたのである。

ゲーテが、マイン川のほとり、フランクフルトで誕生したのは、一七四九年。そのころ、ドイツという国家などありようもなかった。ただし、フリードリヒ大王のもとにヨーロッパ列強の仲間入りをはたしたプロイセンは、オーストリア王位の継承紛争に介入して、シュレジエンを獲得し、ますます野心をもやしていた。オーストリアとのあいだで長年にわたるブルボン・ハプスブルク対立をたたかうフランスが、プロイセンに連合し、ここにドイツにおけるプロイセン・オーストリア対抗軸がはっきりときわだつようになる。ドイツの諸邦はこの両極のなかで、複雑な行動をしいられるようになろう。

ついで、七年戦争(一七五六―六三年)。ここでも、プロイセンとオーストリアは再決戦にまみえる。まだ決着はつかない。

このように戦乱にまきこまれながらも、数十にものぼるドイツの諸領邦は立場をきめかねて、保身にかけずりまわるばかりである。プロイセンとオーストリアとは、そうこうするうち、啓蒙絶対主義という独特の統治スタイルを完成させる。つまり、先進国らしい合理的な政治システムを実現すると称して、臣民への直接の支配を正当化する。抵抗する旧勢力を排除するために、透徹した官僚制度や軍事制度を浸透させ、国王の絶対化に成功する。これが、一八世紀ドイツの政治現実であった。

啓蒙のドイツ

ところが、ドイツにはもうひとつの波がおこっていた。なぜかまずは、プロイセンとオーストリアという大国ではない場所で、波動は開始された。たとえば、ザクセン公領のライプツィヒでは、大学を中心として卓越の知性がさわやかに律動する。ライプニッツとトマジウス、それに劇作家ゴットシェト。そこの大聖堂では、首席オルガニストであるヨハン・セバスティアン・バッハが、近代音楽の出発点をしるす。

フランクフルトでも、ハイデルベルクでも、そしてゲッティンゲンでも、つまりごくちいさな領国の都市と大学で、ドイツらしい学問と思想の萌芽がうまれた。これらは、ふつう「啓蒙」の時代とよばれる。

すでに隣国のフランスでは、一七世紀にデカルトとともに啓蒙の時代がはじまった。イギリスでも、おなじく政治の革命に並行して、旧制度の不条理の撤廃をもとめる知性が翼をのばした。ジョン・ロックの人間悟性論が、新生のイギリス社会に風をおくった。ドイツはといえば、残念ながら、一七世紀にあれくるった三十年戦争の余波をもうけて、すっかり後進国に落伍してしまったのである。

だから、一八世紀のはじめ、ライプニッツやバッハが登場したとき、ひさかたぶりのドイツ精神の興隆に、熱気もまたさかんに燃えたった。ところによっては、たんにデカルトやロックの輸入にすぎないものもある。そもそも、プロイセンの大王フリードリヒは、まったくのフランスかぶれであって、宮廷ではヴォルテールを師とあがめ、フランス語のみを公認したほどだったから。それでも、フランスの啓蒙主義には、わかい魂にうったえるすじがある。理性ほどにとぎすまされた剃刀はあるまい。陋習《ろうしゅう》にとりかこまれたドイツの社会にあっては、理性に特別の地位をさずける必要があろう。

これにくわえて、古典主義を称する学問教養の復活がとりざたされる。宮廷でも、大学でも、古典の学習が推奨される。それは、たとえばフランスにおける人文主義教育や、イギリスでの新古典主義といった、知的教養への傾斜とあいならぶところがある。ドイツでは、ようやく姿をあらわす教養市民層が、書物への愛好を表明し、読書クラブをひらいて、学習の熱意を共有するようになった。

古典教養と啓蒙理性。いかにもヨーロッパ人にふさわしい正統の知的あゆみが、いくらか遅ればせながら、ドイツの地に定着しようとしていた。いや、着火をまつ薪が、うずたかく積みあげられたというのが、実情かもしれない。

問題はだれが、火をつけるかだ。プロイセンの片田舎からでたヨハン・ヴィンケルマンが、一七五五年、『ギリシア美術模倣論』をもって古典美術の精神に光をあて、衝撃をもたらした。やがてアルプスのかなた、ローマに去ってしまったとはいえ、依然としてドイツ語の語法をもって、美学の思弁をつづけ、芸術が思想の言葉によって解明しうることを告知した。いかにも難解にして、しばしば独断のとがめも免じえないが、人文知識の強みをいやがうえにも強調して、教養市民たちに勇気と自負とをあたえた。ドイツはにわかに、古典教養の故郷に変身した。ギリシア語とラテン語とは、かれらの得意の教養語となる。

いまひとりの北方ドイツ人が、突如として、啓蒙世界のチャンピオンになった。バルト海の冷たい空のもと、ケーニヒスベルクの哲学者、イマヌエル・カントである。一七二四年にここに生まれたカントは、生涯をほとんどそこでおくる。僻遠の地にあっても、カントはイギリスやフランスの現代思想に鋭敏な感受性をむけ、思考の合理性をとことんまで追求する。デカルトの合理論はまだまだ整理不十分である。ロックやヒュームなどのイギリス経験論は、浅薄な現実追従である。

いったい、ひとが世界と人間を正確に認識し、理解するとはどういうことなのか。そんな根底の設問をたて、カントは曖昧さをのこさぬ、ぎりぎりの解答をもとめた。先験的理性という終着点にたどりつくには、まだまだ時間がかかるとはいえ。カントによれば、人間の理性の核心には、生得的にそなわった認識の図式が共有される。ひとは、ヒュームのいうように知覚のまったくの白紙から出発するのでもなければ、デカルトの理性などという大それた高所から世界を解明するのでもない。だれもがそなえる、曇りない普遍の理性から、平明な認識を獲得できるはずだという確信をとなえる。

『純粋理性批判』（一七八一年）にはじまり、『実践理性批判』と『判断力批判』をもって完了する三批判書は、カントがドイツの教養市民とともに共有しうる、平明な啓蒙原理であった。ときは一八世紀、フランスでは派手好みの啓蒙主義が、ヴォルテールやディドロー、そしてルソーたちのもとに、華麗なデビューをはたすころ。そして、すでに実現してしまったかにみえる合理性の原則を、イギリスの思想家たちが擁護にまわるとき。つまり、啓蒙の一八世紀にあって、ドイツでは、ごく地味で穏健な思考の指導原理として、市民たちのあいだに浸透をはじめていた。けっして、いたく遅れをとったわけではないと、ドイツの名誉のために証言しておきたい。

疾風怒濤、ウェルテルの時代

けれども、その啓蒙がただちに、社会と人間の改変に直結しえたのかというと、そうではない。そこのところが、ドイツの苦悩のポイントである。温和で堅実な教養市民にとって、啓蒙は納得のゆく原理ではあっても、すぐに光を投じてくれる福音ではない。プロイセンのフリードリヒ大王やオーストリアのヨーゼフ二世にとっては、独裁権力の隠れ蓑として、すぐにも有効性を保証する切り札ではあった。けれども、市民たちには、解放へのカードとして機能しない。いらだちが走る。とりわけ、先鋭な意識で不本意を表明するわかいドイツ人たちにおいて。

一七六〇年代末のドイツに、異様なさまをもった運動がもちあがった。シュトルム・ウント・ドラング、日本語では「疾風怒濤」と訳される。まるで、嵐の雨と風のように、はげしい感情や行動をひけらかすひとびと。かれらは、鬱然としていた。啓蒙やら古典やらの落ちつきはらった教養や倫理は、わかいエネルギーにとっては、ただの抑圧にすぎぬ。欲望のいきつくところ、激情のおもむくところ、規範や禁圧を脱したところに、人間の生きかたがあるはずだ……。

シュトルム・ウント・ドラングは、ドイツの町をふきあれた。ことに、若年の大学生たちのあいだに、あつい共感をひきおこした。穏健な啓蒙にたいして、みちたらぬものを直感した青年は、父たちに世代抗争をいどんだのである。生命と青春をかけて、因習のドイツに反発した世代。疾風怒濤は抵抗の合言葉となった。

いかにも未熟な青年の喚声だ。まだ、定型など思いもよらぬ乱舞であった。だが、ここにシンボルともいうべき役割をはたす小説があらわれる。一七七四年に刊行された『若きウェルテルの悩み』（以下、『ウェルテル』）である。その著者は、いまだ無名のフランクフルト人、ヴォルフガング・フォン・ゲーテ。二五歳の作家は、一躍、ドイツの寵児となった。

将来を嘱望される青年ウェルテルは、友人ケストナーの婚約者ロッテに横恋慕する。恋の自由を唱導するウェルテルはロッテに言いよる。友情と恋情のはざまに苦悩するウェルテ

ヨハン・ヴォルフガング・フォン・ゲーテ（キューゲルゲン作、タルトゥ大学）

ル。ついに、ケストナーからの絶縁状がとどく。その夜、ウェルテルは、ピストル自殺ではてる。なんとも理由のつきにくい乱行というべきか。理知あるひとびとは、その結末に眉をひそめた。だが、あろうことか、青年ばかりか、壮年のドイツ人からも熱っぽい支持がおくられた。

魂の自由をもとめて、ウェルテルの跡をおう青年がひきもきらなかった。自殺ブームがおこってしまったのである。もう、分別ぶって説教してもはじまるまい。ウェルテルが蒔いた種は、ドイツ人のこころのなかで発芽をむかえ、若葉がもえだすところまでゆく。

他人の婚約者に恋したゲーテの自己表現だともいう。あるいは、貴族出身ではないウェルテルがなめた辛酸に発する社会的抗議の市民文学、もしくは制度や道義の窮屈さをつきぬける衝動的自由の文学だともいう。いずれにせよ、鬱屈したドイツ人のいくらか奇妙な解放感覚が横溢《おういつ》していることには、疑いがあるまい。不倫と自殺というごく不自然なかたちをもってしか発現しえない、自由への希望であったのだから。だが、ひとりならぬ、多数の青年がゲーテに共感をおくった。時代は確実に転換をむかえたのであろうか。

シュトルム・ウント・ドラング運動は、『ウェルテル』にさきんじて、六〇年代にはじまった。その開始時期については議論もあるが、いちおうは批評家ヘルダーの『近代ドイツ文学論』が刊行された一七六七年ころとしよう。というのも、ヘルダーという眼尻すわったわかい理論家は、ドイツの言語と文学を素材として、自在な表現を推奨し、同世代の作家たちにたいして、おおいなる激励をおくったからである。ヘルダーによれば、ドイツの文化は声たからかな自由と激情によって、創造され発展するはずである。

ヘルダーは、五歳年少のゲーテに、すでに一七七〇年に出会い、意気投合した。『ウェルテル』以前のゲーテは、この邂逅《かいこう》から進路に確信をえたようだ。かれらは疾風怒濤の中心部に身をおき、自由と激情とを唱導する。

ヨハン・ゴットフリート・ヘルダー（キューゲルゲン作、タルトゥ大学）

自由な激情とは、この場合、いかようにも解釈できる。既存のすべての規範にあらがって、うちなる欲求をあらわに表現するのもよかろう。ウェルテルの行動をそのようにして支持した若者が多かった。いずれの時代にもありうることだとはいえ、ドイツのよどんだ空気のもとで、自由と激情とに裁可をあたえてくれるあらたな規範が誕生するのであれば、疾風だろうが、怒濤だろうが、どれも歓迎すべきものである。この嵐は、しばしドイツの野をふきあれた。だが、この種の激情は、いつも永続しがたいものだ。ちょうど、春であれ秋であれ、嵐はごくすみやかに止んでしまうように。

「賢人」から「天才」へ

だが、いまひとつの理解がありえよう。自由な激情を、より深遠な人間論としてうけとろうとこころみる。偉大で強力な原理を発見し、追求する精神の緊張。社会が強要する非条理を克服して、創造性と個性とを全開する抵抗の姿勢。ウェルテルもまた、この理想にもえたったのだと主張しても、まちがいではない。だが、むろん、そんな偉業をだれもがひとしく達成できるわけでもあるまい。

天才の出現が期待される。ここで天才とは、凡俗な衆愚によっては感知されない偉大な価値をいちはやく発見し、これに形姿をあたえうる稀な人材のことだ。一八世紀のドイツ人はきそって天才の定義にのりだす。ここでも、ヘルダーが先頭をきった。民族や民衆の精神に信頼をおいたヘルダーであったが、それだからこそ、その精神を体現して高揚させる天才への希求は、人一倍なものがあった。天才は時代や地方や身分にかかわりなく、ほとんど卑俗ともいえる地層から突発する。ドイツにたいする愛着がいやまさるヘルダーであったのに、シェイクスピアをその典型とする「天才」像をうみだした。まだ、故国にはならぶべき者がない。

シュトルム・ウント・ドラングは、ドイツ語である。ドイツの現実からしか生まれえないものであったかもしれない。だが、シェイクスピアを例にとったように、天才はいずれの国にあったにせよ、天才であり、普遍の価値を人類に告知しうる特異な創造者である。ときには、現状の変更を執拗においもとめる革命の激情の士となるかもしれない。ドイツでは、すでに作家たちがこうした天才の造型にむかっていた。

たとえば、詩人シラーは、この運動に、心底からの共感をいだいていたようである。一七五九年生まれ、ベートーヴェンやヘーゲルよりも一一歳も年上のシラーは、成功した戯曲『たくらみと恋』（一七八四年）のなかで、はやくもこうした天才への期待をかたっている。

普遍の価値を体現して、偉大な変革に参与しうる天才。もうここには、あの抵抗の嵐のおもむきはうすい。あらあらしい激情が影をひそめたのち、シュトルム・ウント・ドラングは残骸をさらすのみであったろうが、じつはこうして崇高な価値の達成にむけた理想を発見しつつあったのである。ふりかえってみれば、この理想こそ、ドイツ人が一八世紀のあいだをとおして、ヨーロッパとともに掲げたあの啓蒙主義が、また一段と純化されたかたちでもあった。啓蒙の立場をうけいれ、人文学の知をたがやしつくした賢人にたいして、さらに壮大な変革の作業をまで要請する。賢人は天才に格上げされる。

革命の進行とともに

あろうことか、その一八世紀末に、啓蒙の故郷フランスで革命が勃発する。一七八九年春にはじまった変革の足どりは、七月のバスティーユ事件ののち、急激な展開をみる。ただちにドイツ人も反応をしめした。頑迷な旧体制の動揺とみなしたひとびとは、歓迎すべき光明と了解したであろう。あるいは、隣国の政治の混迷は、ドイツにとっての好機だと判断したものもある。

民衆の蜂起が、王権の譲歩をひきだし、変革の速度をたかめたとみるものは、はやくからこれを抵抗の革命とみていた。ドイツでも、パリの民衆に呼応しようという反応をしめすものもあった。自由な激情をかかげる若者にとっては、これは絶好の見せ場となるはずである。しかし、じっさいには、シュトルム・ウント・ドラングの激情はもうその推進力をうしなっており、ドイツにおける「フランス革命」の再現など、望むべくもないというのが実情である。

八九年から九二年まで、ますます急進化する革命は、あらかたのドイツ人にとっては、しだいに脅威の対象に変化してゆく。フランスから亡命してきた旧体制の貴族たちは、革命の暴虐を宣伝した。王妃マリー・アントワネットの故国オーストリアはもとよりのこと、ドイツの諸邦にあっても、為政者たちは、フランスの政情にただならぬ関心をよせはじめる。対岸の火事とたかをくくってみてもいられなくなったから。

九二年の対仏同盟の包囲網は、こうして結成される。諸邦の連合軍がフランスをめざして遠征を開始する。九月におこったヴァルミの戦闘は、その結果である。フランス民衆軍による勝利。プロイセンをはじめとするドイツ諸邦にとって、脅威は現実のものとなる。革命の本性についての解明が要求されるようになる。

ヴァルミの屈辱にであったゲーテは、ドイツの無力を痛感するかたわら、革命への疑問をも増進させる。当初、なにがしかの期待をもあわせもってフランスの事態をみまもってきたゲーテであったが、このころから、幻想をふりすてるようになる。かつての『ウェルテル』の著者は、いまではたんなる保守主義に転落してしまったのであろうか。それとも、ワイマール公国の枢密参議員としての政治的判断が優先したのであろうか。

だが、ドイツの知識人はだれも、ほぼおなじ対応に終始したようである。ここまで名のあがった哲学者や思想家たち、カントもヘルダーもシラーも、そしてわかいヘーゲルも、革命の勃発の時点では、光明のきらめきを瞬間ながらも感知した。けれども、遅かれ早かれ、失望のトーンがいやましてくる。

先にもみたとおり、ヴァルミの夜、ゲーテはいったという。「ここから、そして今日から、世界史の新しい時代が始まる」。けれども、この言葉は、勝利したフランス民衆軍への賛美とみなすことはできない。敗軍の高官であるゲーテは、これからはじまるであろうヨーロッパ革命戦争の多難な時代を、憂慮のうちに予言したというのが、妥当な解釈だとおもわれる。一七九〇年代のゲーテは、すでに自由な激情の野をたちさり、啓蒙によって霊感をうけ、より崇高な人類の価値を模索する穏健な賢人の椅子にすわっていたのである。

九二年から翌九三年にかけて、フランス革命は極限にまで達する。ルイ一六世と王妃の処刑、ジャコバンの独裁と恐怖政治。そして、革命の自己崩壊へと。ドイツにあってはほんのわずかに残っていた共感もきえさり、革命への疑問は、拒絶へと進行してゆく。

ゲーテたちの筆には、同情の調子はほとんどみえない。フランスの革命は、もとはといえば啓蒙をめざす善意の発意から着火されたものでもあろう。ルソーの遺産だとみることもできる。しかし、波及をうけたドイツ人の眼にとって、それはただの野蛮な暴力としかうつらない。

ロベスピエールの失脚の年、ベートーヴェンは二三歳の青年である。ウィーンにうつり、宮廷に参与しうるチャンスをうかがう、非政治的な音楽家にすぎない。断片にしかすぎない情報をつたえききながら、オーストリアをめぐって推移するヨーロッパ情勢に胸をいためていたであろう。態度をきめるための手がかりすら、ベートーヴェンにはあたえられない。このことは、わかいドイツ人にとっては、だれも同等であったらしい。ヘーゲルですら、ことの意味をじゅうぶんに理解することが困難であったから。

かれらは、シュトルム・ウント・ドラングの嵐を体験していない。『ウェルテル』の年に、ベートーヴェンはわずか三歳であった。フランス革命の勃発のときには、まだ一八歳。

白紙の状態でのぞんだいまひとつの政治の嵐であった。

思想の遍歴の結果としてえらびとられた啓蒙の賢人の立場は、かれらの世代にとっては理解のかなたにある。「自由、平等、博愛」のモットーは、先の世代のひとびとにとっては、いかがわしさの文脈でしか読みとられない。だが、啓蒙の立場からはなれて、新鮮な空気のなかで聴取したモットーであれば、これはまた別途の意味と衝撃をあたえてくれることもあろう。

じっさい、新世代のドイツ人のうちには、ひそかにフランス革命の思想に共鳴をしめすものが出現する。むろん、公然と政治のレヴェルで発言することははばかられたとはいえ。自由も平等も博愛も、政治の意味を脱色すれば、わかいドイツ人にも訴えるところきわめておおきい理想でありえたはずだ。

天才ナポレオン

こうして、時代はナポレオンをむかえる。一七九九年一一月、ブリュメール一八日のクーデタをもって、ナポレオンは第一統領に就任。ついで、一八〇四年には、皇帝に即位。フランス軍の改編によってにわかに強化された軍事力を駆使して、ヨーロッパ征服を開始する。ナポレオン色によって、すっかり染めかえられたとはいえ、フランス革命の理想は輸出むけに仕様される。

1806年10月14日、イエナの戦い（J．ルゲンダス作、版画、軍事博物館、パリ）

すでに三〇歳をこえて、知性の意味を了解しはじめていたベートーヴェンとヘーゲルは、あらためて革命の洗礼に浴する。自由も平等も、いたって新鮮な印象をふりまいた。ナポレオンの侵入をこうむったドイツでは、反発と歓迎の複雑な感情がながれた。軍靴にふみにじられる故国ではあるが、ことによるとここにドイツ新生の契機がうまれでるかもしれない……。

だが、むろん年長の賢人たちは、そうたやすく幻影にとらわれはしない。いくども幻滅をくぐってきたから。ゲーテは、フランス軍の侵攻を利用してワイマール政府を改革しようなどとは、考えない。カントはすでに八〇歳の長寿を、一八〇四年におえていた。シラーが世をさるのも、一八〇五年。啓蒙の賢人たちは舞台をおりつつある。

けれども、賢人たちにしてから、ナポレオン軍にただの憎悪をむけつづけたのか。どうもそうではないようだ。イエナ・アウエルシュテットの敗戦を、ごく近傍で体験し、フランス兵の乱入にたちあったゲーテであったが、進軍してくるナポレオンにたいして、いいようもない共感をいだいたかにみえる。敵軍の将であるとはいえ、人類の進歩と栄光をかかげて、ドイツに風をおくりこむ英雄。権力への欲求とともに、また普遍的な理想をかたりうる稀な政治家。なにか形容もしがたいほどの魔性を、ゲーテはかいまみる。

啓蒙の賢人たちが、ひそかに構想した天才のわざは、皮肉なことに、敵国の将軍のもとでみごとに実現している。ヘーゲルのように、「絶対精神の権化」と評さないまでも、「世界史の新しい時代」がここに開始されることを、敗戦のいたみのなかで、ふたたびゲーテは感知したようである。

のちに、ゲーテは一八〇八年一〇月、ナポレオンに謁見する。「そこに人間がいる」と看破した。いっぽう皇帝は、みずから『ウェルテル』の愛読者であると告白する。この会見でゲーテはナポレオンへの心底からの讃仰を確信する。「わたしの皇帝」とよぶことをはばからない。皇帝的なもの（エロイカ）の崇拝者の列にくわわったゲーテは、そこに正真正銘の天才を発見したのであった。

ナポレオンの侵攻をうけたドイツでは、ことにプロイセンでは、敗戦を契機として、旧制度の改革の提唱がひろがった。「シュタイン・ハルデンベルク」の名をとってよばれる一連の改革は、フランス革命の理想をドイツ型に適応させる意図をもっていた。憎むべき敵国ではあっても、ナポレオンがフランス軍隊とともにばらまいた思想は、ドイツに定着をはじめる。天才は、政治の局地をこえて世界史を、根底から変容させる事業にとりかかるのである。

フランス軍の支配下、哲学者フィヒテは、一八〇七年、激烈なアピールを発する。「ドイツ国民に告ぐ」と題された講演は、イエナ大学の学生にむけたものであるが、ナポレオンというフランス版の「普遍」にたいして、いまひとつの「普遍」をドイツから発言しようとした。確固とした自我の原理にもとづいて、知性は自己を発現すべきだ。そのようにさとすフィヒテは、ドイツの愛国心をこえて人類の理念に接近しようとこころみたのである。

啓蒙の賢人から、普遍の天才へ。それは、革命と戦乱という混乱のなかで、ほとんど幻影のように進行した事態である。その結末をだれも予測しえないまま、ヨーロッパとドイツはその波にゆさぶられた。むろん、ベートーヴェンもこの嵐のなかで、成長した。ナポレオンにたいする希望と絶望の経緯はよく知られたところだが、だからといって、この嵐を回避できたわけではない。

のちに、ベートーヴェンは《第九》シンフォニーの第四楽章で、シラーの長詩「歓喜に寄す」を合唱曲にしたてた。その章句にいうとおり、「すべての人類は、なんじの甘美な翼がはばたくところで、兄弟になる」。歓喜という天才のもとで、普遍の価値が実現するという構想が、最後のシンフォニーのなかで提唱される。革命と戦乱のなかで壮年を生きたベートーヴェンは、啓蒙の子であり、また天才の時代の子であった。

いずれにせよ、一七六〇年代から一八一〇年代にいたる半世紀、ドイツにはただならぬ知性の高揚がおこった。カントからヘーゲルにいたるあいだ、ゲーテとシラーとヘルダーがドイツの知を開発していった時代。それは、おそらくヨーロッパにあっても希有な時代である。あらたな世代として登場したベートーヴェンは、まさしくこの高潮のなかで鍛練されて育っていった。ひとりの天才的作曲家は、「天才」をつちかうドイツの土壌から誕生したのである。

第三章　啓蒙都市民の誕生

戦乱のドイツ

ベートーヴェンの時代、つまり一八世紀から一九世紀にかけての時代は、ドイツの歴史にとっては、もっとも輝かしい世紀であった。哲学から芸術にいたるあらゆる分野で、厚い蓄積のうえに、はなやかな開花が実現したのであるから。これほどに華麗な時代は、ほかのヨーロッパ諸国に類例をみいだしがたいほどである。

けれども、それではこの時代のドイツが、国家や社会の制度や現実において、極上の成果をおさめていたのかというと、じつはそうではない。まことに不思議なことに、ドイツの社会は、このころまったくの不振におちいっていたといわれる。なぜ、こんな逆説にも似た事態がおこったのだろうか。ベートーヴェンの同時代人たちが体験せざるをえなかった苦境のありかたを、検証するところからはじめよう。

ことは、一七世紀にはじまる。三十年戦争である。一六一八年から四八年にいたる三〇年間、ドイツは戦乱にまきこまれた。おもな契機は、キリスト教における新旧両派の勢力争いであった。カトリックとプロテスタントとが、それぞれ自己の勢力を保持・拡張しようとし、軍事力にたよって向かいあった。カトリック側は、皇帝権力をもつオーストリアのハプスブルク家を中心として、おもに南ドイツの諸領邦を連合させ、ローマ教皇やスペイン王国の援助をも得て、ふるい秩序を守ろうと必死になった。

これにたいして、北ドイツの諸国はルター派の信仰をかかげ、スウェーデンやデンマークといった連合軍をまねきいれて、ドイツ全土における優勢を確保しようとつとめた。この戦乱が三〇年もつづきえたのは、たんに宗教における対立が主調音をなしていたのではなく、むしろ政治における対立が錯綜した関係をうみだしたからである。三十年戦争は、ドイツの政治をだれが、いかようにしてリードするかという問題に最終の解答をあたえようとして、結局のところ失敗した、無益の戦乱だったのだ。

スウェーデン・デンマークやフランス・スペインといった外国の列強が、優秀な軍隊をつれて介入したとはいえ、ドイツの内部には決定力をもつ軍隊がなかった。三〇年のうち、激烈な戦闘が展開されたのは、ごく短期間である。むしろ、結論がでないままの持久戦が、おおきな特徴であった。ドイツ諸国の軍隊は、みな小規模であり、また雇用された傭兵隊もほとんど遊撃隊のようだった。それなのに長く持久できたのは、兵士たちが戦争によって自給していたからである。「戦争をもって戦争を養う」という原理である。君主から給養をうけ、あるいは戦場での戦利品や民衆からの略奪によって、兵士はそこそこの生活が可能だった。

　こうして、戦場となったドイツの各地は、回復も困難なほどの打撃をうけ、疲弊をつのらせていった。農民や都市民は、農地や家屋といった生活と生産のための拠りどころを、破壊され奪いとられた。流浪の民となり、盗賊の群れに投ずるものも少なくなかった。

三十年戦争終結となったウェストファリア条約締結式
（テルボルフ作、ヴェルサイユ宮殿美術館）

　一六四八年、ウェストファリアの国際条約によって、三十年戦争は終結した。宗教戦争としての側面からいえば、キリスト教の両派は寛容の原則を再確認して、ドイツ内における共存をえらんだ。もっとも、それはすでに一世紀まえから、明白な方針だったはずなのだが。そして、政治のうえからは、皇帝位を独占するオーストリアのハプスブルク家ですらも、分裂を収拾することは不可能だという既定の事実を、みなが了解することになった。三〇〇ともいわれるドイツ内の領邦や帝国都市は、いずれも自立という錯覚と幻想を確信したばかりである。結局、なにごとも新設されず、廃止もされなかった。ただ、ドイツ人の社会がふかい疲労感にしずみこんだだけである。

ハプスブルク・オーストリアの再起

三十年戦争でいたんだのは、オーストリアの皇帝権力であるといわれる。それはたしかだ。けれども、神聖ローマ帝国にあっては、皇帝が全領土、全ドイツに威厳ある命令をくだし、思いどおりに指図できるといった政治体系など、もともとありうるはずもない。はるか昔の中世にあっては、シュタウフェン家による統合権力があったのに、近世になって低落の傾向がいちじるしいと論じられるのだが、それは誤解というものだ。中世にあってすら、かつてのローマ帝国のような絶大な中央政権など、存在しなかったのだから。

宗教改革時代のカール五世を模範にして、そこからの凋落を嘆くドイツ人もいるが、その皇帝カールですら、臣下の抵抗や反逆になやみつづけた。かろうじて威厳をたもったのは、たまたまかれがドイツ皇帝であると同時にスペイン国王でもあって、そこからの巨大な富の支援をうけていたからである。神聖ローマ皇帝が単独でドイツの臣下を睥睨《へいげい》しうるなど、夢のまた夢であった。

そんなわけだから、皇帝の権威が三十年戦争でいたんだといっても、さして驚くべきことでもなかった。オーストリアのハプスブルク家は、いぜんとして皇帝の地位を独占しつづけ、故国の領地を保全し、帝国の首領としての栄光はひとを圧倒する。皇帝カール五世の系統は、一六世紀のなかばに分裂し、スペインのハプスブルク家からは、フェリペ二世が登場して峻厳な王権をいとなんでいた。新大陸アメリカの広大な植民地を領有し、流入する銀の富によって、いまだ没落の兆しもみえぬスペイン帝国が、燦然とかがやく。

他方でカール五世の退位ののち、ドイツの帝国では、弟であるフェルディナント一世が即位した。スペイン系とオーストリア系というふたつのハプスブルク家が、たがいに婚姻によって複雑な家系図をつくりつつ、並立する。やがて、一八世紀のはじめにスペイン系は、王位の継承をめぐってフランス王室とのあいだで紛争をおこし、「スペイン継承戦争」に突入する。外交と軍事に勝利したフランスのブルボン家は、スペインの王位をのっとる。オーストリア系にとって、頼みの糸はきれてしまう。

けれども、オーストリアのハプスブルク家は、このときすでに十分の代替物を手にしていたのである。一七世紀の後半になって、オーストリアは西方のドイツ諸邦ではなく、逆に東方で大成功をおさめた。一六八三年、イスラム教徒のオスマン帝国が遠征軍を派遣してドナウ川をさかのぼり、首府ウィーンを包囲した。一五二九年につぐ、二度目の包囲である。このたびもまた、首府は落城しなかった。それどころか、オーストリア軍は逆襲をしかけ、カーレンベルクの戦闘で記念すべき大勝利をおさめる。

ハンガリアのブダペストを陥落させ、サラエヴォやベオグラードを攻撃して、オスマン帝国の勢力をドナウ沿岸から追放する。これはハプスブルク家の未来をうらなう重大な事件であった。ドイツ国内での後退が、東方での拡大によって補われた。いや、おつりがきたともいえる。ちょうど、帝国がスペイン継承戦争にまきこまれて、フランス王ルイ一四世により西方の国境がおびやかされているとき、東に抜け穴ができたのである。

ハプスブルクの復興といってもよい。勇気をえたかのように、オーストリアは国家の官僚制を整備し、王室の財政を好転させた。ドイツ帝国の臣下たちは不従順であったが、それは昔からの習わしにすぎぬ。押したり、引いたりの緊張はあったが、それなりに帝国の行政について自信もよみがえってきた。首府ウィーンは、ふたたび活気をとりもどした。三十年戦争における失地は挽回されたといえよう。こうして、一七四〇年に皇帝カール六世が死去するまでのあいだ、オーストリアの安泰はつづく。

プロイセンの台頭

東方にあって、オーストリアの復興がとりざたされるとき、ドイツではいまひとつの勢力が、じわじわと重みを呈してきた。はるかな北方から、プロイセン国家が台頭してきたのである。三十年戦争までは、まだごくちいさなプロイセン公国として、バルト海沿岸に逼塞《ひっそく》していた。すこしずつ拡大にむかった公国は、やがてブランデンブルク辺境領と合体し、一七〇一年にはプロイセン王国として全ドイツに承認をうける。たいへんな後発国家である。

しかし、ここからの発展は目をみはるものがある。二代目の国王となったフリードリヒ・ヴィルヘルム一世が、国の基礎をかためて強国への道をあゆみはじめたのである。王は、国家財政をたてなおし、国軍を強化する。臣下の貴族たちを叱咤激励して、王権への忠誠と協力をとりつける。たちどころにプロイセンは北方の獅子として、ドイツ諸邦の注目の的となってゆく。

この国王の息子が、のちに大王とよばれるフリードリヒ二世である。一七四〇年に即位し、八六年に死去するまでのほぼ半世紀にわたって、フリードリヒ大王はプロイセン国家を、ヨーロッパ随一の大国にしあげていった。父王のしいた路線にしたがい、国力を増進させるためのあらゆる可能性に着目する。富国強兵の典型といってよい。

閲兵するフリードリヒ大王（フランス国立図書館、パリ）

農業はといえば、広大な農場経営の産物を商品として輸出すべく、交易の政策を実施した。軍事力の充実のためには、国民にたいする徴兵の制度を完備した。税収をはかり、財政の支出を統括した。国王の周辺には、側近の官房をすえ、厳格な倫理を要請し、官僚の指導者として実務の指導力をもとめた。こうした一連の行政政策は、当時のヨーロッパにおいて一流の成果をもたらした。絶対主義とよばれる国政のうちでも、もっとも純化された体制である。

もとはといえば、プロイセンはドイツの北方に位置し、バルト海に面する寒冷の土地であった。かつてからのハンザ貿易の隆盛もピークをこえ、立地上の優位はどこにもみいだせないような状況であった。それなのに、プロイセンは卓越した組織力と不抜の勤勉さによって、強国への道を模索し、功を奏したのである。資源とか、位置とかいった宿命によって左右されるのではなく、人間たちの結合の仕組みや国民の精勤が社会を向上させてゆくのだという認識を、プロイセン国家は世界にしめしつつあった。

プロイセンは、ほかのヨーロッパ絶対主義にくらべれば後発国であった。だが、フリードリヒ大王の半世紀のうちに、確実に大国に仲間入りし、ドイツにあってはオーストリアの最大のライバルとしての勢力をそなえていった。

ドイツ二元主義にむけて

ドイツにおけるふたつの勢力、つまりオーストリアとプロイセンとは、一八世紀のうちには角を突き合わせる運命にあった。まさに新旧の両勢力。一方はドイツにおけるカトリックの牙城であり、神聖ローマ帝国の冠を保持する伝統の主導者。他方は、北方から急速に力をつけてきた、プロテスタント的リゴリズムの新興国。あまりに対照的な二国ではあるが、そのあいだにひろがる距離のうちには小国が介在したために、しばらくは直接のせめぎあいは避けられていた。

だが、フリードリヒ大王の即位する一七四〇年、プロイセンはオーストリアにむけて挑戦を開始した。オーストリア継承戦争とよばれる。継承戦争というのは、たまさかおなじ年にオーストリアでもカール六世が死去し、その後継国王をめぐって、ハプスブルク家のうちに内紛がおこったからである。王位、つまりは皇帝位を要求した隣国のバイエルンとザクセン公家にたいして、プロイセンが援助をあたえ、ハプスブルク本家とのあいだに紛争がもちあがった。

もっとも、プロイセンにしてみれば、バイエルンを支援する義理などありえないのであって、じつは動機はほかのところにあったはずだ。オーストリアとの境界ちかくにあるシュレジエン（シレジア）にたいする領有権を、このさいに無理押ししたいとのあからさまな野心があった。シュレジエンはプロイセンにとってもドイツへの影響力をつよめるためには不可欠の拠点であった。

戦争は、プロイセンの攻勢ではじまり、そこへフランスやイギリスなどの外国勢力が加担して、複雑な様相を呈しはじめた。このとき、オーストリアのハプスブルク家で王位を託されたのは、カール六世の息女であるマリア・テレジア。ハプスブルク家は、男子相続に例外をさだめ、家憲によって女子相続を認定したからである。二三歳のマリア・テレジアは、夫のトスカナ大公フランツ一世とともに、オーストリア国家と神聖ローマ帝国に君臨し、ドイツの首位をまもろうとした。

マリア・テレジアに異議を申したてたフリードリヒであったが、狙いはシュレジエンであった。マリア・テレジアもまた軍事上の不利をさとると、さっさとシュレジエンを放棄するかたわら、バイエルンにたいしては断固として攻撃の手をゆるめず、おのずから戦争の帰趨はきまった。継承戦争は、マリア・テレジアの決断によって、王位・帝位の確保をシュレジエンの割譲をひきかえにして、決着をみるにいたる。オーストリア・プロイセンの第一回戦は、一七四八年までにおわった。ハプスブルク家の王位は承認をうける。

第二回戦は、ついでふたたびフリードリヒ大王とマリア・テレジアのあいだで、一七五六年に再開された。こんどは、オーストリアがシュレジエンの回復をめざして、軍隊をおくった。今回も、外国の勢力が複雑にからみあい、ドイツ問題そこのけでヨーロッパ外交をもてあそんだ。けっして軍事の面では劣っていないオーストリアも、この雑音にさまたげられて、シュレジエンの怨念を晴らすにはいたらなかった。プロイセン領として、再度、確認をうけることになる。七年にわたる戦争であったが、この七年戦争は一七六三年のパリ条約によっておわる。条約は両国の対立をなだめ、軍事力によるドイツ主導権問題の解決をあきらめさせた。マリア・テレジアとフリードリヒ大王との対決は、ほぼ互角のまま終結をむかえる。

啓蒙専制君主たち

オーストリア継承戦争と七年戦争とは、ひさかたぶりにドイツを二分する大規模の戦争であった。諸外国の介入もふくめて、三十年戦争の再現でもある。だが、この戦争にあってあらたに出現した局面は、つぎのこと。つまり、ドイツの運命を決するのは、ことによるとオーストリアとプロイセンという新旧二大国の対抗関係ではあるまいかという期待、もしくは危惧。まだ、だれの目にも確かとはいえないにしても、両国の二元対抗は、あまりにも鮮烈な印象をもたらした。ドイツにおける二元主義という。

新勢力であるプロイセンは、フリードリヒ大王のもとで、近代国家としての要件を着実にしつらえていった。王は「国家第一の僕《しもべ》」であると宣言し、国民のためにあらゆる福祉の政策を実施しようとした。国民の利益こそが、国家の優先事項であるとし、古い慣行を廃止して改革への熱意をしめした。ことに、宗教上の寛容や学問の自由を保障し、すすんで開明的な学者をベルリンとポツダムの宮廷にまねいた。フランス啓蒙主義の思想家ヴォルテールは、そのひとりである。新興の国家として、「物分かりの良さ」は国家の内外において、注目にあたいする。大王にたいする敬意は、いやがうえにも高まる。

新興国の事情にてらしてみれば、これはただの口約束、スタンドプレーとでもいえよう。だが、おなじ発想をプロイセンとは対極にあるオーストリア国家、つまり神聖ローマ帝国も

ヨーゼフ２世（カール・フォン・ザーレス作）

採用しようとは。女帝マリア・テレジアもまた、おなじように領内のカトリック教会にたいして改革をもとめ、修道院の解散や信仰の自由の保障を断行した。旧勢力にとって、これはたいへんな変化であった。

マリア・テレジアの夫君フランツは、一七六五年に死去したが、この両親の子息ヨーゼフが王位・帝位をついだ。ヨーゼフ二世とよぶ。母后と息子とは共同統治でのぞみ、その政策をさらに推しすすめる。ヨーゼフ二世は、もっと徹底していた。眦《まなじり》をけっした合理主義者である王は、理屈にあわない旧弊を根底からくつがえした。領内における農奴の解放やギルド（ツンフト）規制の撤廃は、しごく当然の施策であった。母子の協同によって実現した政治の改革は、こうしてオーストリアの国政をおおきく変容させるはずである。

プロイセンとオーストリア。あまりにことなった二国にあって、しごくよく似た方向の模索。ともに、国民の福祉や権利の擁護をおもてにかかげた、明晰な施政である。むろん、だからといって、フリードリヒ大王もマリア・テレジアも、けっして独裁政治の実をすてようとはしなかった。むしろ、改革はつねに国王から発言されるものでなければならなかった。

だから、それは「啓蒙専制主義」とよばれる。啓蒙（リュミエール）と専制という、矛盾にみちた並列が、両国家にあってはかなり自然に実現したのである。

いずれかといえば、のちの歴史家のあいだでは、啓蒙よりも専制のほうに力点をかけがちである。しょせんは旧式の独裁国家だったと。それは、そうだろう。だが、プロイセンとオーストリアというドイツにとって北と東の辺境における大国が、啓蒙という価値に顧慮をむけだしたということには、重大な意味がある。いまはまだ、ドイツの運命を決定するまでにはならないにしても、未来をになおうとする両国がともに、看板としての啓蒙に固執し、態度をかためる。かりにリップサービスであろうとも、ドイツ人にとってその行動は深甚な刺激と反応をひきおこさざるをえまい。

ドイツの領邦国家群

さて、こうして一七七〇年をむかえる。ベートーヴェンと、そしてヘーゲルの生誕の年である。フリードリヒもマリア・テレジアも健在である。ともに在位、三〇年。円熟のころだ。フリードリヒ大王は、まだあと一六年の活動の日々。マリア・テレジアは、あと一〇年。だが、その子ヨーゼフ二世には二〇年の治世がまっている。プロイセンとオーストリアとは、ベートーヴェンのドイツの行方をどう左右しようとしているのか。

けれども、ベートーヴェンというひとりのドイツ人はといえば、その両国のいずれかにおいて生をうけたわけではない。かれは、ライン川のほとり、小都市ボンにうまれる。一七九二年にウィーンに移住するまで、その家族ともども、ラインの水でそだった。ドナウ川でもバルト海でもない。

そもそも、かれの名前をみよう。ルートヴィヒはまだよい。ファン（〜の）とは、ドイツ語の前置詞ではない。ドイツ語でいえば、フォン。じつは、フランドル（オランダ）語である。父祖の土地であるネーデルラント（フランドル）地方の言葉が、名前にのこる。ベートーヴェンという語は、もともとふるい低地ドイツ語で、ベートのホーフェン（草原）の意味である。だから、「ベートーヴェン」ではなく、「ベートホーフェン」と読むのが本当だろう。「ベートーヴェン」とは、英語発音を日本語風に表記したものである。いまではドイツ人も、英語風にならって、そのように発音することもあるが。

こんなところで学を衒《てら》ってもはじまるまいが、要点はといえば、この大作曲家がネーデルラントやライン川流域の、独特の風土からうまれたであろうこと。そして、一八世紀についに二元主義の頭目にくらいするプロイセンとオーストリアという大国とはちがい、そのいずれでもない、べつのドイツから、ベートホーフェン（ベートーヴェン）が登場してきたということである。

父祖の地であるネーデルラントと、かれの生地ボンとは直線距離にして百数十キロメートルほどしかない。しかも、おなじライン川に沿っている。ともにラインラントと総称されており、かつて中世にあっては、低地ドイツ語という共通の言語圏に属してもいた。ボンは、直近のケルンにある大司教座が支配する教会所領にはじまり、のちにケルン選帝侯領内におさまる。小都市として、あなどりがたい文化をたもつにいたった。中世末には異形の信仰をとなえるキリスト教宗派が登場もした。選帝侯による教育レベルは、ドイツでも筆頭にくらいする。

ラインラントは、近世にあっては、つねに西方から圧力をかけるフランス国王の侵入におびやかされたが、もっとも「ドイツらしい」文化の一翼をになってもきた。ただし、ラインラントはプロイセンやオーストリアのような強大な国家を建設することはない。俗界も聖界も、多数の独立政治団体を形成して、それぞれに自立をきそいあった。これらを領邦（ラント）とよぶが、なんとここには一〇〇にちかいラントが散在していた。どれもがラント君主をもち、国家機構をいとなみ、法律と財務とを維持した。

もともと、ウェストファリア条約のころには、ドイツ（神聖ローマ帝国）のなかで三〇〇ものラントや帝国都市があり、勢力をきそったのだが、そのなんと三分の一にあたる。いささか、政治上のアナーキーをとりざたしたくもなる。たしかに、諸領邦は敵対をくりかえし、ドイツ域内の戦争においては複雑な対抗関係をつむぎだして、存立をはかった。自力をもってしては、戦争に勝利して領地の拡大をはたすことは困難であったが、まるで満員電車の乗客のように、他人によりかかっていれば、けっこうやりすごすことも不可能ではない。

ドイツ政治の混迷は、ラインラントばかりではない。いくらか安定した政体をもつバイエルン侯国やザクセン公国、プファルツ侯国、ハノーファー侯国なども、もっぱら自国の内政にかまけており、他国とともに連携するといった方向をむかない。皇帝はオーストリアにいるが、帝国はこれらすべての領邦によって分有されている。皇帝を牽制しながら、そしてたがいに牽制しあいつつ、出口のない交錯をつづけていた。オーストリアとプロイセンとのドイツ二元主義に、そこはかとない希望をあらたに託しえたのは、こうした状況のゆえであった。

都市のドイツの復興

だが、ここであまりにも、歴史を急ぎすぎてはいけない。まだ、ドイツ二元主義は、ほとんど始まったばかりである。ついうっかりと、わたしたちはドイツの運命をオーストリアとプロイセンの両肩に載せすぎる。七年戦争からちょうど一〇〇年たった一九世紀における、あのドイツ統一論争を知っているものだから、結果からふりかえって、論じがちだ。両国家が統一のリーダーシップを争い、ついにビスマルクのプロイセンが勝利するのだが、それははるか一世紀もさきのこと。もういちど、ベートーヴェンの幼少期にもどり、同時代人としてドイツをながめてみたい。

オーストリアとプロイセンとが、ともに啓蒙専制君主をいただいて、ドイツの現実に波紋をなげかけていた一八世紀の後半、ほかのドイツ諸邦にあっても、さまざまな胎動がきこえてくる。保身にのみ汲々としていたかにみえる領邦にあっても、国家や社会の改革をめざしての活動がめだってきた。

ゲーテが政治をつかさどったワイマール公国は、その一例である。ハノーファー侯国も、イギリスと同君連合をむすぶことから、かの国の刺激をうけて、政治に合理性の芽をもとめだした。まるで、ドイツの混迷の元凶とまでみられがちな領邦別の国家も、時代の息吹をかぎとり、変化への予兆をしめしはじめている。啓蒙君主という標識は、なにも二大国の君主だけの独占物ではない。むしろ、これは一八世紀ドイツのモードといってもよい。君主は、領内にはぐくまれた知性を重用し、賢人たちの力をかりた。ヘルダーも、ゲーテも、シラーも、それにカントすらも、君主たちにとっては無上の拠りどころである。

けれども、これらの領邦は、率直にいえばまだ動きが鈍かった。封建社会の旧弊をひきずり、農村の領主に特権をみとめつづけるかぎり、変革が実をむすぶことは至難の業である。イギリスやフランスのように、農民にも職人にも明るい光をてらすような改革、つまり啓蒙のきざしを察知させるにはいたらないから。領邦の社会は、たしかに暗澹たる趣にあふれてはいる。

ところが、そのドイツにあって、希望の灯火もほのみえている。それは、都市からやってきた。ドイツの都市に、未来がおとずれてきたのである。

ドイツの都市は、栄光の中世自由都市が地位をうしなっていらい、あまりに低調な数世紀をへてきた。皇帝にも、諸侯たちにも立ちむかった自由都市の伝統は、あの三十年戦争のうちに死亡宣告をうけたかのようだ。城壁や建築は破壊され、商人と職人も貧困においやられた。書物や作品のおおくが灰燼《かいじん》に帰した。もはや自由や自治など、とりざたするも愚かといったさまである。たかだか、領邦君主が宮廷をいとなむ、例外的な都市だけがかろうじて、往古の栄光を保全するばかりだ。そのような悲観の像がえがかれてきた。

しかし、ドイツの都市は死にたえてしまったのではない。それどころか、かつてハンザ都市やシュヴァーベン都市、あるいはライン川やボーデン湖にそった地域の都市は、近世の進展とともに底力をとりもどした。戦争の厄災はおもかったが、それでも都市は自己を回復しはじめる。まずなんといっても、帝国都市である。ハンブルクやアウクスブルク、ニュルンベルクなどは、都市独自の国政をもち、領邦の権力と拮抗しながら、帝国のなかで地歩をかためつづけた。帝国都市は、ついにプロイセンによって糾合されるまで、なお一世紀にわたって「自由」を享受しつづける。

それぱかりではない。諸領邦のなかで、いくらかの窮屈さに耐えつつも、都市としての自負をまもりおおせたものが、いくつもある。ハノーファー侯国のゲッティンゲン、フランケンのヴュルツブルク、プファルツのハイデルベルク、ザクセンのライプツィヒ、それにケルン大司教選帝侯領のケルンとボン。これらはひとしく、都市としての独自性を政治や外交において発揮するかたわら、教育や学問において、抜群の達成をしめした。ひとことでいえば、これこそ「啓蒙」の名にふさわしい。啓蒙は、なにもフリードリヒ大王とマリア・テレジアの専売ではない。かれらの刺激をうけるとともに、諸外国からの暗示をとりこんで、都市の知識人や為政者は、すすんで啓蒙の知性に信頼を託した。

啓蒙市民たちの世紀

「啓蒙都市」という語をつかいたい。これは、エンゲルハルト・ヴァイグルの『啓蒙の都市周遊』（三島憲一・宮田敦子訳、岩波書店）にヒントをえてのことだ。そこでヴァイグルが示唆するのは、啓蒙の栄誉も悲惨も、ドイツの都市のなかで発酵したということ。オーストリアやプロイセンたりとも、ウィーンやザルツブルク、ベルリンやポツダムがあってこそ、啓蒙国家としての看板を大胆にかかげえたのである。まして、ごく非力にみえるドイツ都市のなかですらも、一八世紀に啓蒙による復権がいっせいにおこる。

都市の為政者たちは、おりから自信をとりもどした知識人に援《たす》けをかり、芸術家の助力をうけてのみ、自立をこころみえた。もはや、領主や地主、特権御用商人によってではなく、都市民（市民）としての地位と信念をもつひとびとによって、ドイツの再生がたからかに宣言される時代がこようとしている。

学校における教育、寺院での信仰、クラブを結成して読書にはげむ老若。大学や祭壇で、また劇場やサロンで、知性や感性の声がなりひびきはじめる。都市の時代がやってきた。商人や、ことによると領邦君主すらも、この復興運動に加担した。ときには、体制の秩序に歯むかうほどの激しさにいたることもあったが、確実に知識ある青年を鼓舞した。あのゲーテのウェルテルに涙した若者も、カントの難解な著作をおいもとめた学生も、ドイツの都市民として、国の未来に参加しようとする。

都市における啓蒙。このことを、ことのほか強調したのにはわけがある。一八世紀のドイツが、あれほどに政治上の分裂をきわめ、領邦国家群の無力があらわになったというのに、かたやきら星のごとくに思想家や芸術家が輩出する。オーストリアとプロイセンという二大国家がドイツの二元主義にむけ前進をつづけるというのに、ほかの国からも、べつべつの声があがり、百花斉放といった趣でもある。この逆説にもにた事態をどう理解したらよいのか。結局は、都市にあって、啓蒙の精神を呼吸しはじめる無数のドイツ人に焦点をあてて、考えるほかないのではないか。「啓蒙の都市民」、むろん、ベートーヴェンもそんな啓蒙市民のひとりであった。

ベートーヴェンが、ごく田舎らしい小都市ボンにうまれ、父親から音楽の手ほどきをうけるあいだ、ほんの一万人ほどのボン市民も、知識人を筆頭に改革と復興をかたりつづけたようである。一七九二年、意をけっして移住したウィーンもまた、啓蒙の環境において同様であった。もともとラインラントの武骨な文化のうちから発祥した独特の音楽を、ベートーヴェンはウィーンの洗練のなかに投入して、あらたな道を模索しようとする。

第四章　ヨーロッパ国際関係のなかのドイツ

華麗な婚儀のなかで

一七七〇年一二月一七日か、またはそのすこし前に、のちの作曲家ベートーヴェンは、ドイツの地でひっそりと生を享《う》けた。だれもその時代のひとは、意義に注目しない。

その七ヵ月前にあたる五月一六日、隣国のフランスでは、ヨーロッパ中の人びとを興奮させる儀式がおこなわれた。こちらは誕生ではなくて、婚姻の儀礼である。王宮ヴェルサイユにつどった二万人の貴紳淑女たち。だれもが、この婚儀の画期的な意義を了解していた。たかが、一六歳と一五歳の男女の結婚である。だが、その当事者の一方は、やがてフランス国王となるべき青年であり、他方は東方オーストリアから輿《こし》入れする王女であるとすれば。それだけでも、好奇の眼は、らんらんと輝いたであろう。

青年は、フランス王ルイ一五世の孫ルイ。王女は、神聖ローマ帝国の女帝マリア・テレジアと夫フランツ一世の娘マリー・アントワネット。いうまでもなかろう、のちに即位してルイ一六世となる皇太子と、その王妃に宿命づけられたマリー。一七七〇年のこの日から二三年の婚姻生活ののち、ふたりはあいついで、パリの革命広場にひきだされ、断頭台の露ときえるはずである。

ドイツの田舎人として誕生したベートーヴェンと、フランスの華麗で激烈な政治とは、なぜか微妙な絡みあいを演ずることになるが、そもそもの開演からして、この一七七〇年の陰影にみちた交錯である。むろん、嬰児ベートーヴェンにとっては、なんの係わりもない、遠方の栄華であったが。

ヴェルサイユには、婚儀をことほぐ人びとの群れ。永遠につづくべきフランス王国の未来を祝福する。王子には、やがて有為の男児が誕生するだろう。祖父国王ルイ一五世のもとには、頬も紅い曾孫がうまれ、王族にはますますの栄盛が約束されよう。

もっとも、その新郎・新婦には、ほんとうに好ましい世継ぎがうまれるかどうか、憂慮するむきもあったという。なにせ、新郎はといえば、新婦にたいする性的な関心が健全にそだっているのか、心配もある。青年ルイは、王族のスポーツである狩猟に熱中しており、マリーとの新床すら満足につとめたのかどうか、疑われたのだ。婚儀の日の日記に、ルイは「なにもない(リアン)」と、ただ一行しるしただけだから。

狩りの獲物がなんにもない、という意味らしい。だが、口さがない廷臣たちは、その夜のふたりのあいだに媾合《まぐわい》は「なかった」と邪推した。不能なのか、それともすでにして乱淫のなせるわざか。宮廷とは、そんな噂話の世界である。うら若い夫婦にとって、いかにも過酷な噂がとびかい、祝福の気分をいくらかそいでしまったようだ。悪い兆候か。でも、ヴェル

① **神話から歴史へ** 神話時代 夏王朝
宮本一夫
定価：本体1350円 10月刊

② **都市国家から中華へ** 殷周 春秋戦国
平勢隆郎
定価：本体1550円 10月刊

③ **ファーストエンペラーの遺産** 秦漢帝国
鶴間和幸
定価：本体1600円 11月刊

④ **三国志の世界** 後漢 三国時代
金文京
定価：本体1300円 11月刊

⑤ **中華の崩壊と拡大** 魏晋南北朝
川本芳昭
12月刊

⑥ **絢爛たる世界帝国** 隋唐時代
氣賀澤保規
12月刊

⑦ **中国思想と宗教の奔流** 宋朝

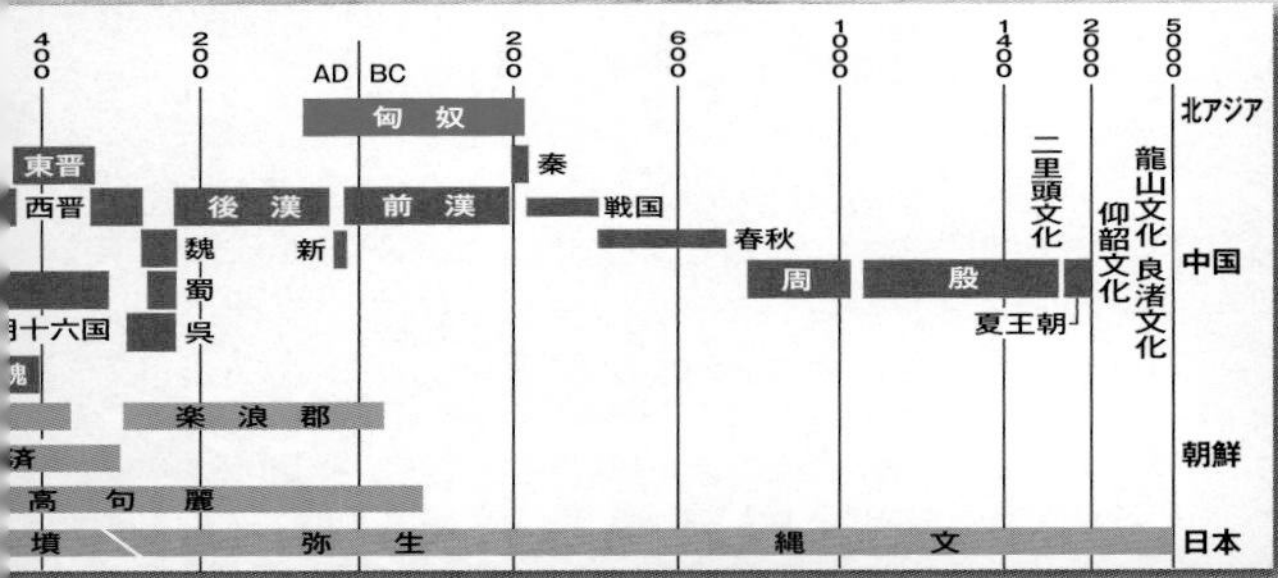

⑧ 疾駆する草原の征服者 遼 西夏 金 元

杉山正明

2021年2月刊

⑨ 海と帝国 明清時代

上田 信

2021年3月刊

⑩ ラストエンペラーと近代中国 清末 中華民国

菊池秀明

2021年4月刊

⑪ 巨龍の胎動 毛沢東vs.鄧小平

天児 慧

2021年5月刊

⑫ 日本にとって中国とは何か

2021年6月刊

環境・開発・人口の中国史／尾形 勇

中国文明論—その多様性と多元性／鶴間和幸

中国人の歴史意識／上田 信

世界史の中の中国／葛 剣雄

中国史の中の日本／王 勇

日本にとって中国とは何か／礪波 護

天児 慧氏による解説をお読みください！

現代中国を知るための「中国の歴史」全12巻の読み方

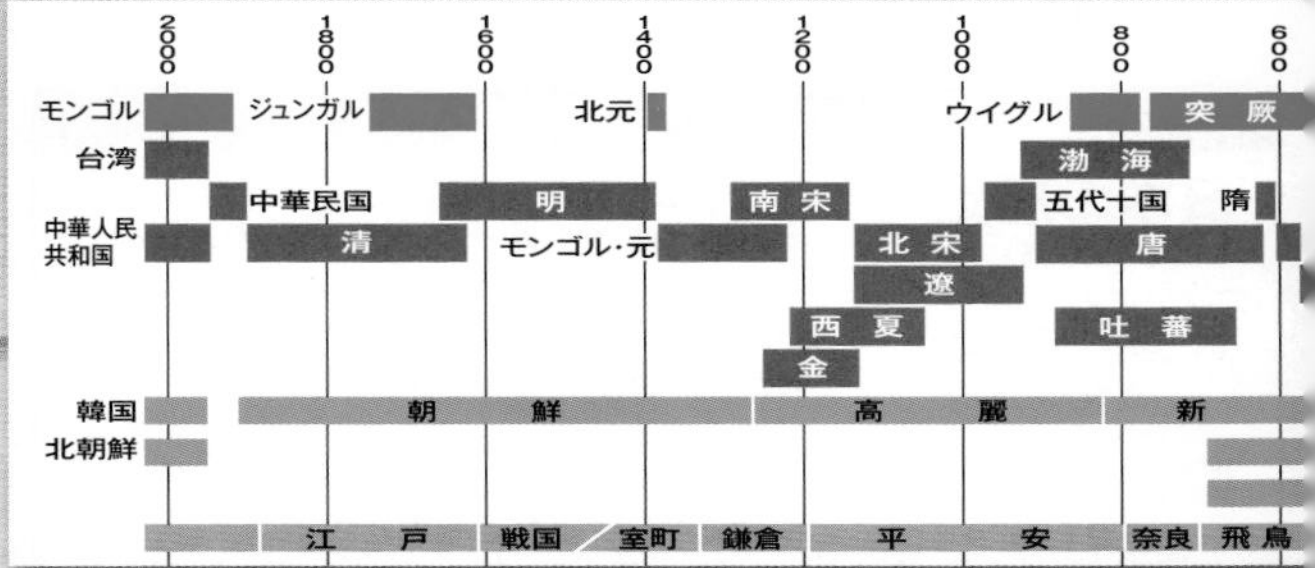

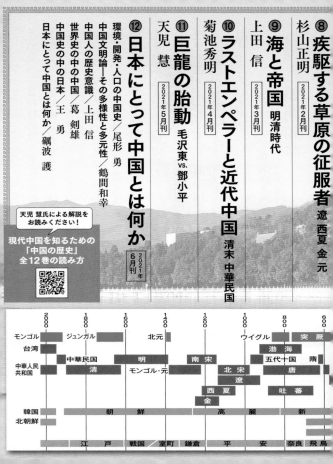

この全一二巻の特徴は、単に「中国通史」であるにとどまらず、各巻の執筆者がそれぞれの問題意識を存分に盛り込んだことにある。歴史学・考古学はもちろん、政治学、文学、思想史などの研究者が、「中国とは何か」という難問に様々な角度から迫った。「大きな中国」には、絶えず「小さな中国」から始まり、多様な文化を包み込んでいく歴史があったことを忘れてはならない。「小さな中国」の「小さな声」を大切にしてきた歴史を振り返ったときに、今中国で起きている人権や民族をめぐる問題への解決の道も見えてくるはずである。

編集委員・
学習院大学教授
鶴間和幸

サイユにつどった男女は、盛装とご馳走と銘酒にすっかりと酔いしれ、凶兆など意にとめる風情でもない。

外交革命のあとさき

そもそも、この婚儀には、ふつうの成婚とはひと味もふた味もちがう、絶大な意味がこめられていた。参列者は、みなそのことをじゅうぶんに意識していたのだ。新郎は、フランスはブルボン家の王子。マリー・アントワネットはオーストリアはハプスブルク家の王女。ヨーロッパを代表する名家の結婚。祝うべきは当然のことであろう。しかも、その両家の結合こそ、驚きをもって受けとられるべき事件であった。

じつはすでに準備はあった。両家の結合にさきんじて、両国の連合が。おそらく、提議はオーストリア側からであった。一七四〇年にはじまるオーストリア継承戦争にあって、正面の敵がおなじドイツ内部のプロイセンであると悟ったハプスブルク宮廷は、かねてからの外交戦略を転換せざるをえなくなる。プロイセン・オーストリアのドイツ二元主義が明白になったから。これまで、なにごとにつけて敵対をかまえてきたフランスが、いまではオーストリアにとっては友軍であるかのような気配がうかびあがってくる。

ドイツ内の二元主義は、ヨーロッパ外交におけるパートナーシップの変更をうながす。一七五六年に勃発する七年戦争では、組みあわせが一変した。オーストリアは、宰相ヴェンツ

ルイ16世とマリー・アントワネットを訪ねるマクシミリアン大公（ウィーン美術史美術館）

エル・フォン・カウニッツのもとに親フランス政策に転じ、さらにはオランダやロシアまでも連合のもとに編入した。この成果あって、七年戦争は全体としては、オーストリアに有利に展開した。まったくの勝利とはいえないまでも。その仇敵の側はといえば、イギリスとプロイセンを主軸とする。この両国は、不仲であったものの、イギリス王室にとって故国というべきドイツのハノーファー侯国の保護をめぐって利害が一致し、たちどころに相照らす仲におちいった。たぶん、プロイセンはといえば、背後にあるロシアの脅威にかられて、イギリスの援助を必要としたからであろう。

　このような複雑怪奇な外交事情。相関関係をいくど図示しても、簡単には理解しきれないほどである。最後の結論だけをいえば、ドイツ内のオーストリア・プロイセン対抗関係にからんで、フランスとイギリスの位置が逆転したというわけだ。これだけのことだが、あえていえば、「外交革命」とも表現される。なにせ、積年の怨念をこえて、フランスとオーストリアとが連合するにいたったのだ。ブルボン家とハプスブルク家とが手をにぎった。それは七年戦争の成果であった。

その戦後、外交革命の路線はうけつがれた。一七六三年のパリ条約は、そのヨーロッパ外交構図を固定しようとするものだった。そして、この良縁を艶っぽく保障するものこそ、一七七〇年の婚儀であった。いまだ疑心暗鬼でもあった両国の貴紳たちは、ブルボン・ハプスブルク両家のあいだに、ほんとうの親族関係をきずこうとする真意を、こころから祝福したことであった。外交革命は、ルイとマリーという青年男女の婚姻によって、疑いのないほどに完遂されたのである。

宿敵同士、ハプスブルクとブルボン

そもそも、ハプスブルクとブルボンという両王家は、不倶戴天というべき敵対関係をいとなんできた。もとはといえば、一六世紀のはじめ、まだヴァロワ朝であったフランスが、神聖ローマ帝国ハプスブルク家のカール五世の皇帝位に挑戦して以来の不仲である。ブルボン家のアンリ四世が即位してからというもの、ことごとに反対陣営に属していがみあった。三十年戦争では、おなじカトリック国家というのに、フランスはオーストリアに対抗すべく新教側につく。

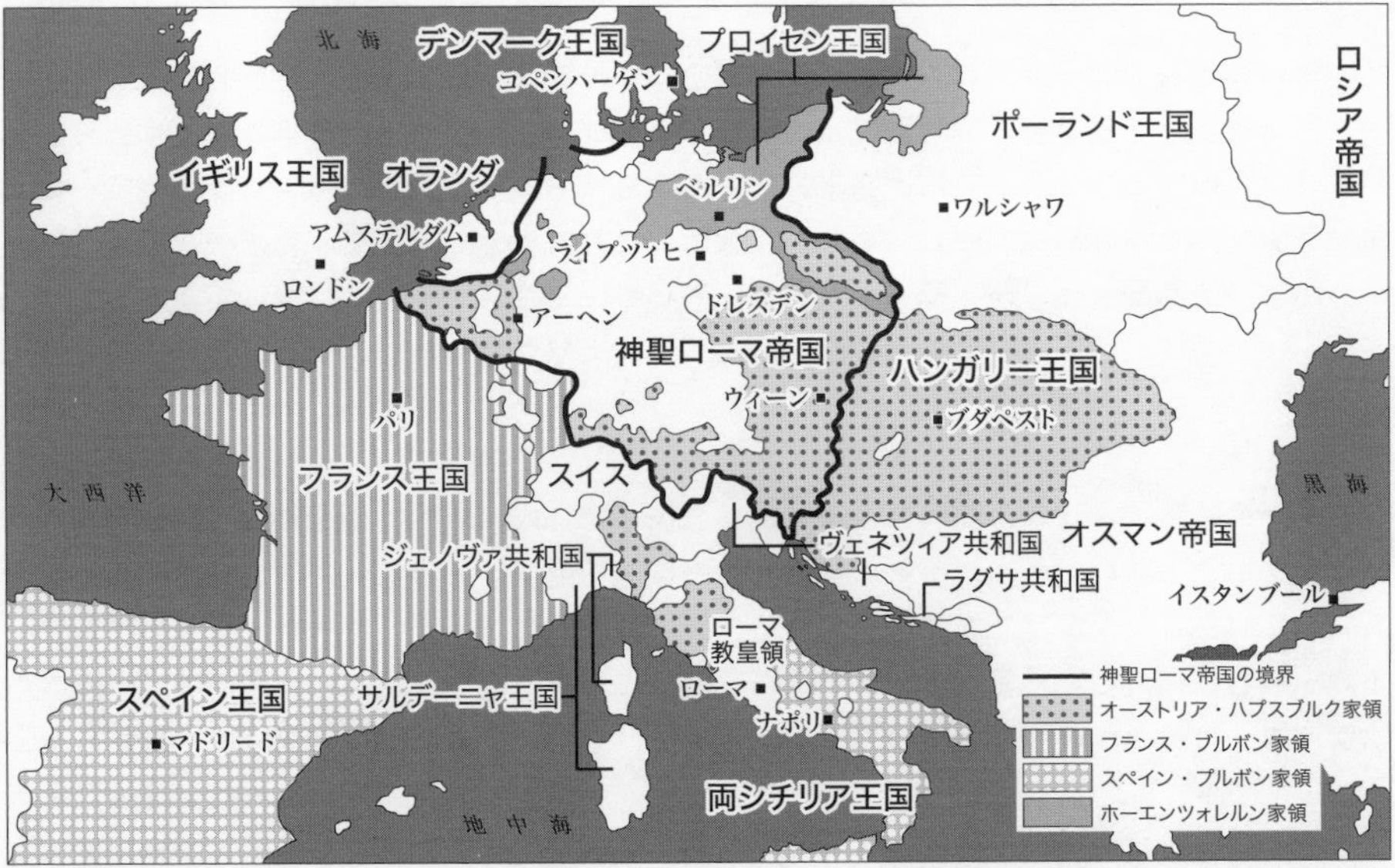
北海
デンマーク王国
コペンハーゲン
プロイセン王国
ロシア帝国
ポーランド王国
イギリス王国
オランダ
ベルリン
ワルシャワ
アムステルダム
ライプツィヒ
ロンドン
ドレスデン
アーヘン
神聖ローマ帝国
ハンガリー王国
ウィーン
パリ
ブダペスト
フランス王国
スイス
大西洋
黒海
オスマン帝国
ヴェネツィア共和国
ジェノヴァ共和国
ラグサ共和国
イスタンブール
ローマ
教皇領
スペイン王国
サルデーニャ王国
ローマ
ナポリ
マドリード
両シチリア王国
地中海
神聖ローマ帝国の境界
オーストリア・ハプスブルク家領
フランス・ブルボン家領
スペイン・ブルボン家領
ホーエンツォレルン家領

18世紀中頃のヨーロッパ

ついで、一八世紀はじめのスペイン継承戦争。ここでは、ハプスブルク王家の断絶につけこんで、ブルボン家が介入する。ルイ一四世のフランスは戦闘を有利にすすめ、ついに王位をのっとってしまう。ヨーロッパに覇権をとなえてきたハプスブルク家は、一敗地にまみれたのである。アメリカ大陸の植民地をふくむ大領土は、ハプスブルク家から永遠に失われた。軍事力において遅れをとったハプスブルク家は、ひたすらフランスにたいして受け身の態勢をとらざるをえない。

そのつぎは、かのオーストリア継承戦争。ここでもハプスブルク家は、ヨーロッパ国際政治で、不利な役回りを演じた。フランスは、新興のプロイセンの誘いにのってオーストリアを標的とし、またもブルボン家の優勢を印象づけた。イギリスを仲間にひきこんだオーストリアだったが、もともと大陸にたいしてさしたる野心をいだかぬイギリスのことだ、本腰をいれて連合作戦を遂行してはくれない。

こんなわけだから、一七世紀から一八世紀まで、ハプスブルク家は後退の連続である。皇帝の位を保持する国際関係の盟主としては、不如意としかいいようがないのではないか。ブルボン家の策謀に、ただ腕をこまねいて、なされるがまま。そういっては誇張が過ぎようが、それなりの危機感が、ウィーンの宮廷にはたかまった。宰相カウニッツの画策が支持をえはじめたのも、そのためである。宰相は、従来のフランス敵視を撤回する。「外交革命」がいよいよ現実のものとなる。

昨日の敵を味方にひきこんで、一七五六年、七年戦争が勃発する。オーストリア・フランス連合にロシアまでもくわえ、ヨーロッパ政治を一変させる。だしぬかれたプロイセンは、イギリスと手をむすぶ。だが、戦局はプロイセンのフリードリヒ二世にとって、不利に転ずる。外交革命は、成功したのであった。つぎには、両王家の結縁である。一七七〇年、ルイとマリーの婚儀が、全ヨーロッパの注目をあびたわけがよくわかる。

ライン同盟が択ぶ道

さて、この変転の意味をはかるために、ハプスブルク家とブルボン家の結託を、ヨーロッパというマクロの視点からみたのだが、もうすこしミクロな場所にうつしてみよう。オーストリアとプロイセンをのぞくドイツのほかの国ぐににとっては、どんな意味があったのか。オーストリアとフランスの仲が、冷淡から濃厚に変化すると、ドイツにはどんな影響がおよんだのか。

ドイツ、とりわけフランス国境にちかい諸領邦にとっては、両国の関係は運命の鍵をにぎっている。ことに国境とライン川にはさまれる土地、おおまかにいえば西南ドイツ、もしくはラインラントといってもよい。むろん、ベートーヴェンの故国ボンも、ラインの左岸にあって、当時の国境からはほんの百数十キロメートル。つねにフランスの脅威にさらされていた。

フランス・ブルボン朝にとって、国際関係での戦略上の優位は、じつはこのラインラントでの領土拡大という具体目標につながっていた。それは、ブルボン朝誕生以来、父祖伝来の課題ともいえる。ライン川以西の地はフランス領土であるべきという命題は、かなり乱暴な根拠にしたがっている。国境は自然地形に合致すべきだというのだ。大西洋、地中海、そしてピレネー山脈とアルプス山脈とを国境とするフランスにとって、のこる東部国境だけがあいまいのままだった。ライン川というわかりやすい境界線を主張するのも、訳はあろう。ふつう、「自然国境論」とよばれるフランス国際政治理論は、ライン左岸領有要求のことである。

三十年戦争後のフランスは、ルイ一四世のもとに自然国境の実現に邁進した。とはいえただの軍事力だけで、ラインラントを奪取するのは困難だ。軍事の脅しのかたわらで、巧妙な外交政策が駆使される。ドイツの内政に介入することだ。

西南ドイツ、あるいはラインラントの諸邦はいつも東方からの圧力に苦しんできた。つまりオーストリアによる抱えこみである。一六五八年、ラインラントの中核ともいえるマインツ大司教の提唱で、諸領邦の大同盟が実現した。ケルン、トリアをあわせた三つの大司教領。この三者はいずれも聖界選帝侯として、ドイツに重きをなしている。これにバイエルンとプファルツという俗界選帝侯をくわえる。そしてライン川にそった中小の領邦のほとんども参加する。「ライン同盟」とよばれる。その趣旨は、あきらかにハプスブルク勢力に団結して対抗しようというものだった。

フランス王ルイ一四世の眼は、ライン同盟にそそがれる。あからさまに支援を公言するわけではないが、ことごとに支持を表明して、反ハプスブルク熱をあおった。ライン同盟も、ただハプスブルクを排除するばかりではなく、ときには神聖ローマ帝国の利益を共有することもあった。けれども、同盟のなかで、次第にバイエルン侯国の力がまさってくると、事情はすこしずつ変化する。

バイエルン侯家は、すでに一六世紀にはケルン大司教の位を独占して、配下においていた。一六二三年にはライン中流のプファルツ（ライン宮中伯領）をも家領に編入した。オーストリアと東方で境界を接するバイエルンにとっては、ラインラントを強力な拠点とすることが、自国の安定をはかるためには死活の課題であった。そのためには、フランスからの応援をうけいれることも辞さない。

だが、フランスはといえば、ライン同盟を支持しつつも、軍事の圧力をくわえつづける。スペイン領のブラバント（いまのベルギー）やオランダへの侵攻は失敗した。けれども一六八一年には長年の宿願がみのって、ストラスブール（シュトラスブルク）を占領。その領地であるアルザス（エルザス）を併合した。八四年には、ルクセンブルクを占領。ルイ一四世の目標は着々と達成されてゆく。八八年には、プファルツ伯の継承争いに介入して、継承戦争をおこす。そこはバイエルン侯家の領地であるはずだったのに。

軍事と外交の二股をかけて、フランスのラインラント戦略が進行する。一八世紀初頭のスペイン継承戦争では、フランスはバイエルン侯家がスペイン王位をつぐべきことを支持する。ルイ一四世とバイエルン侯マクシミリアン二世との連合は、ドイツに波紋をまきおこした。その戦争では、強大化するフランスを警戒して、ほとんどのヨーロッパ国家が反フランスの立場をとったのに、バイエルンをはじめとするライン同盟は、フランスにつくことになったのだ。

一七四〇年、ハプスブルク王位の継承が紛争となったとき、フランスはただちにバイエルン侯カール・アルブレヒトを支持した。フランス軍とライン同盟軍は、ともにオーストリアに侵入する。四二年、カールは神聖ローマ皇帝に選出される。大成功であった。だが、その勝利も束の間の喜びだった。四五年の戦闘では、オーストリア軍の反攻にあって、あえなく敗退。皇帝位は、ふたたびハプスブルク家に返還される。

フランスからの風

こうして、オーストリアとフランスの谷間におかれた西南ドイツ、ラインラントの国ぐにの運命は、いつも大波にゆすられつづける。「外交革命」によって、オーストリアとフランスが結託するにおよんだとき、バイエルンをはじめとするライン同盟諸国は、困難な地位におかれることにならざるをえない。すでにアルザスは、れっきとしたフランス領。ついで、ロレーヌ（ロートリンゲン）が、一七三八年、六六年の二次にわたって、フランスに編入された。じわじわとフランスの影が濃くなってゆくラインラントである。

じっさい、古来のドイツ文化を守護する地域ではあったが、西南ドイツにはフランス文化の流入もおしとどめがたい。フランスへの親近感をいだくバイエルンは、新設の首都ミュンヘンを、異国の文化をもってかざった。バロック建築が軒をならべる。かならずしもフランス風バロックとはいえないにしても、旧来のあの武骨なドイツ文化とは一線を画して、流麗な洗練をめざす。その波及は、ほかのライン同盟諸国にも、きわだって認められるようになってゆく。むろん、ケルン大司教領である都市ボン、つまりベートーヴェンの故国にあっても、事情はおなじであった。

バロックについでは、おなじフランスから、もっと自信にみちた潮流がおしよせてくる。啓蒙思想である。スマートな思考と表現をとった新時代の文化が、よどんだドイツ人の精神を一変させようとする。ベルリンからライプツィヒ、ハイデルベルクを席巻した啓蒙主義は、ここ西南ドイツにも襲来する。ミュンヘンでもケルンでも、そしてヴュルツブルクでも、フランス風の、あるいはあからさまにフランス語による啓蒙がかたられた。啓蒙の風が、西から東まで障壁もなく吹きとおす時代がおとずれたのだった。

もう、自然国境論によってフランスの領土に組みこまれる恐れは、いちおうはなくなった。ルイ一四世をついだ一五世のフランスは、力ずくで併合をとなえることは断念していたから。しかし、ブルボン・ハプスブルクの連合によって、漁夫の利狙いが無効となったいまでは、西南ドイツ諸国は、軍事でも外交でも、そして文化にあっても、裸身をもって東西をぬける風にあたりつつ、自己の道を模索せざるをえない。ベートーヴェンのドイツは、ヨーロッパのなかでこうして一八世紀の末をむかえようとしていた。

一七八九年に、にわかに西方からおこった風は、もう甘い微風ではなかった。嵐とよんでもまだなまぬるい。フランス革命である。西南ドイツの諸国は、この嵐にどのように身を処してゆくだろうか。そのことを見るまえに、ドイツをめぐる別の国際事情に、ざっと目をむけておかねばならない。

台頭するロシア

ドイツがもっぱら西方に注意をむけているあいだに、東から積乱雲がまきおこってきた。一七世紀のうちは、まだほとんど音無しの構えであったのに。ロシア帝国である。ロマノフ朝に大帝ピョートルが登場して、ロシアは急速に大国にむかって歩みはじめた。軍備と官僚制を整備して、ヨーロッパ型の近代国家への道を模索する。東ははるかなシベリアまで領土を拡大し、南はオスマン帝国にむけて圧力をかけて、黒海への出口をさがしもとめる。そして、つぎにはバルト海へ。つまり、海上をとおしてヨーロッパの国際関係に参入しようというのだ。

一七〇〇年、バルト海の出口を争うスウェーデンと戦端をひらいた。北方戦争である。先輩の軍事大国をむこうにまわして、増強の甲斐もいちじるしいロシア軍がよく応戦した。ともに痛みをともなった戦争であったが、ロシアはかろうじてバルト海の港を獲得。これは、北方の国にとっては、はじめての「ヨーロッパへの窓」となった。港は「ピョートルの都」、つまりペテルブルクと命名される。北方戦争という名称は、南の西欧諸国からみたもので、誤解をまねくが、ロシアにとっては幸福な西方戦争であった。

オーストリア継承戦争が、ヨーロッパ諸国を釘付けにするあいだ、ロシアはまだ国内の調整とスウェーデンとの軋轢に手いっぱいだった。だが、つぎの七年戦争になると、事情は一変する。ドイツにたいしてはポーランド越しに野心をちらつかせる。バルト海でロシアと接するプロイセンは、安心ならない。海上でロシアに対抗することを考えれば、プロイセンにとっては旧来のパートナーであるフランスよりも、海軍大国イギリスのほうが信頼がおける。そう判断したプロイセンは、連合相手をかえた。それが、一連の「外交革命」の引き金をひいたことは、すでにみたとおりである。

七年戦争の連合配置のなかで、ロシアは必然的にフランス・オーストリア連合をえらんだ。直接、ヨーロッパ戦線に参加するわけではないにしても、虎視眈々とドイツの東部辺境をねらうロシアは、もう局外者ではない。いつでも主役として打ってでる構えだ。ことに、プロイセン・オーストリア間の係争地となるシュレジエンは、ポーランドをはさんでロシアにごく近く、やがてはロシアの手がおよびかねない位置にあった。

はたせるかな、七年戦争ののち、ロシアはポーランドの内戦に干渉しはじめる。危険を感じたプロイセンのフリードリヒ大王は、おなじくロシアとの戦争を忌避するオーストリアの女帝マリア・テレジアとはかり、ロシア女帝エカチェリーナ二世をさそって、ポーランド国土の割譲をもちかける。三国に包囲されたかたちのポーランドは、内乱状態を克服できないまま、大国のいいなりになって、国土をゆずりわたす。一七七二年、「ポーランド分割」は大国における良心の痛みをともないつつ、強引に実行された。おなじプロセスは、もう二度にわたって強行される。一七九三年と九五年。この三回にわたる「ポーランド分割」によって、中世以来の由緒をほこるポーランド国家は消滅の憂き目をみることになる。

絶対主義時代の大国エゴイズムが、もっとも露骨に発揮された事件である。しかも、いずれもが、表面上は「啓蒙専制君主」を自称しているというのに。いずれにせよ、それからというもの、プロイセンであれ、オーストリアであれ、ドイツ国家はロシアという得体のしれぬ巨人の影を背後にかかえつつ、国内・国外の政治をとりすすめることを余儀なくさせられる。

さらに外周では

フランス革命にさきだつ一八世紀のドイツを、ヨーロッパのなかで考えるためには、ほぼここまでみてきた国際関係史をもって、十分としよう。だが、ごく薄い関係ながらも、忘却のかなたにはおきがたい三つの国についてだけ、一筆でふれることにしよう。

そのひとつは、イギリスである。かなたの島国。ヨーロッパ外交の核心をしめはじめており、プロイセンもオーストリアも連合か対抗かの選択をしいられたとはいえ、直接の触れあいはほんのわずかだった。もっとも、一七一四年にイギリスの王室にはドイツのハノーファー家が招致され、その縁でドイツで親英感情がそだっていったのは事実である。イギリスを守ろうとの標語は、それほど的はずれではない。

そんなためにか、ドイツの知識人や芸術家がはるばるとロンドンにまで旅することもあった。ザクセン生まれの作曲家ヘンデルは、イギリス王ジョージ一世のまねきで宮廷に出仕して、一連の宮廷音楽をものした。あの軽快な管弦楽曲やオラトリオは、ことによるとドイツの聴衆を相手にしたのでは作曲されなかったかもしれぬ。思想家ヨハン・ゴットフリート・ヘルダーが、さかんにシェイクスピアを称賛し、ドイツにはこれにならぶ文学はいまだ存在しないと看破して、ドイツ愛国心に水をかけたのも、イギリスへの偏愛のゆえであったろうか。

つぎは、オスマン帝国。当時の理解によればトルコ人の国である。ハプスブルク家の反攻により、もう一七世紀末にはオスマン帝国は、ドナウの中下流にまでおしもどされ、直接の脅威ではなくなっていた。だが、この帝国はかねてからフランスと懇ろな仲である。攻守同盟をむすんだこともある。イスラム教の異国ではあれ、ヨーロッパの一端をしめるからには、けっして蔑《ないがし》ろにはできかねることを、ドイツ人も知っていた。イェニチェリ（ヤニチャール）という名の特異な軍隊が、戦場でもまた行進でも、ヨーロッパ人の好奇心をいたくくすぐったものである。モーツァルトもベートーヴェンもともに、《トルコ行進曲》なる名曲をつくったが、トルコ軍の不思議なリズム感は、ドイツ人をエキゾティシズムで魅了したのである。

そして最後に、イタリア諸邦。そこにはかねてルネサンス以来、教皇領やヴェネツィアなどの独立小領国が残存していた。だが、のこりの部分はといえば、スペイン・ハプスブルク家の支配がいきわたり、とても統一や自立をかたりうるような状況にはない。ドイツにもまして、イタリアの政治は混迷をふかめている。スペイン継承戦争がハプスブルク家に逆境をしいたとき、イタリアの諸地域は過酷なスペイン支配のもとを去って、オーストリアの属領へと移行した。

ミラノ公国、サルデーニャ、それにシチリアをふくむナポリ王国である。これが、イタリアにとって幸運だったかどうか、判断にくるしむところだ。それから一世紀半にわたり、イタリア人は従前にもまさる抑圧をこうむるはめになったから。一九世紀におけるイタリア統一は、反オーストリア抵抗運動のすえに実現するはずだ。だが、ここにも皮肉な副作用がおこる。オーストリア支配をつうじて、ドイツとイタリアの関係はかえって密接になったから。中世にあって神聖ローマ帝国の名目上の版図であったイタリアが、ふたたびドイツ人の視野のなかにはいった。もともとアルプスをはさんで隣接する国。ブレンネルをはじめとする峠道は、ふたたびドイツ人にとって親しい山道になったのだ。

『イタリア紀行』のゲーテにとっても、ローマをめざす美学者ヴィンケルマンにあっても、イタリアはそんなに遠い外国ではない。イタリアで誕生したオペラはやがてウィーンの宮廷に移植され、グルックの登場をうながす。若いモーツァルトのイタリア旅行やイタリア語によるオペラ作品は、ドイツ人にとってそんなに違和感のあるものでもなかったらしい。

フランス革命への対抗

さて、こうしてドイツをめぐる国際関係がととのったときに、革命の時代がおとずれる。フランスとの浅からぬ関係をいとなんできたドイツは、革命にたいしてどのように振るまうことになるのか。すでにいくらか論じたところではある。啓蒙の思潮になじみはじめていたドイツ人であってみれば、旧体制の転覆と新体制の樹立とは、歓迎されてしかるべきだろうか。しかし、ひそかに拍手をおくったものを別とすれば、強い反感をもって受けとられたというべきだろう。なににもまして、革命の進行があまりにも激烈にすぎた。バスティーユからロベスピエールまでのわずか四年間。あれよあれよというまに、改革は破壊に直結し、博愛をめざした革命は、憎悪をもって敵を殺害しあう修羅場に転じた。

急激な革命を忌避したフランスの貴族たちが、大挙してドイツに逃亡と亡命の先をもとめたのも、ドイツにとって宿命的であった。かれらは、こぞって革命民衆の暴虐と理不尽を宣伝した。かれらは、ドイツの土地を反革命の拠点にかえ、反対キャンペーンをはった。フランス革命政府は、国外からの反政府運動にいらだち、反感をつのらせた。そこへ、一七九一年六月、ルイ一六世夫妻の亡命未遂事件である。王宮をひそかに脱出した夫妻は、亡命貴族の手引きによってドイツにむかい、ここで革命政府打倒を指揮するはずであった。だが、逃亡は不首尾におわる。ヴァレンヌで逮捕された夫妻はパリに連れもどされ、反王権の感情のたかまりにつつまれる。

一七九二年四月、革命政府はオーストリアにたいして宣戦を布告。国外の亡命貴族を援助したからという理由であるが、むろん革命の激情をたかめるための非常手段という意味もあったろう。亡命貴族は、その頭目ブラウンシュヴァイク公を司令官とする同盟軍を結成し、「国土の救済」を宣言して、フランス侵攻をねらう。フランスの革命政府軍は、九二年九月、国境をこえてきた反フランス同盟軍とヴァルミで対決した。ゲーテがワイマール軍の参与としてプロイセン軍に同行し、予期に反した敗戦に驚愕したのは、この戦闘においてであった。

翌九三年一月、ルイ一六世の処刑。ついでマリー・アントワネットも。激化した革命をみて、ついにイギリス、スペインなどが同盟軍と連携し、対フランス大同盟が結成された。マ

処刑台のルイ16世（カルナヴァレ美術館、パリ）

リーの祖国オーストリア宮廷の激怒は、いかばかりか。革命は戦争に転じた。四周からフランスにたいして攻撃の矢がしかけられる。他方でフランスはといえば、東部の国境をこえてライン川に狙いをさだめる。またしても、「自然国境論」の再燃である。ラインまではフランスの内、これが合言葉であった。

大同盟の戦争は、一七九四年にロベスピエールが失脚してフランスに穏健派の総裁政府がうまれ、革命自体の路線緩和がおこって、熱がさめだした。おまけに、包囲する諸国もポーランド分割などの争点をかかえて団結がゆるみ、一七九七年までには同盟も解消した。ドイツ人とフランス人とが武器をとって対決する、その第一幕はおわる。ひとまず、ヨーロッパの国際関係は平常にちかづきつつあるようにみえた。

だが、それがもっと巨大な嵐のまえの静寂であるとは、だれも推測しなかったであろう。

第二幕は、ナポレオンの登場によって、突如として開始される。

ドイツの国際性とは

第一幕の終演にあたって、いまひとたび、ドイツにとっての一八世紀ヨーロッパを振りかえってみよう。ドイツは、ヨーロッパ大陸の中央部にあり、その広大な国土からしても長い国境線をかかえている。いやおうなしに、ヨーロッパ国際政治の波をかぶらざるをえない。かつて三十年戦争がそうであったように、諸外国の戦略の標的となり、犠牲を引きうける地位にもある。ヨーロッパ外交の盟主というべきハプスブルク家の存在が、その国際性をいやがうえにも強調する。

それにもまして、新興のプロイセンがこの外交舞台にデビューしてからは、ドイツはフランスやイギリスを相手としつつ、国際関係のホスト役を演じつづけたようだ。一八世紀の戦争のかげには、ドイツ人の外交戦略がいつもみえかくれしている。

やがてドイツ二元主義の両極となるオーストリア・プロイセンだけではない。あまり深く注意されないことだが、すでにみたとおりバイエルンやライン同盟の諸国は、はやくもフランスの国力や文化に眼をむけ、独自の地位をドイツにおいて確保するための足場をきずいていた。西南ドイツというむずかしい位置をよく理解した賢明な態度決定である。

こうしてみると、一八世紀ドイツはじつに国際性がまさる世界であったと結論できるだろう。けれども、その判断には、やはりいくつも留保が必要だともおもわれる。オーストリア・プロイセン両大国にしてから、ヨーロッパの国際関係を有利に、または華麗に操作してリーダーシップをとったとはいいがたいから。あるいは、バイエルンをはじめとする諸領邦が、広い国際的視野のもとで自国の進路を決定したかといえば、それにも躊躇せざるをえない。まして、民衆までをふくめてとはいわぬまでも、君主や政治家、聖職者や学者が、すすんで諸外国の事情を調査して、ヨーロッパという枠のなかでドイツの現在を把握し、未来を構想したかといえば、いかにも心もとないのだ。

多くのドイツ領邦、ドイツ都市は、どれも善良なドイツ人でみちあふれていたが、まだ一八世紀のまどろみのなかに自足していた。すでに蠕動《ぜんどう》を開始しているヨーロッパ世界のただなかで、ドイツ人は「大いなる田舎人」として安穏の人生をおくっている。諸外国の存在はよく承知していたにしても、それと自己とのせめぎあいを敏感に察知する境地にはない。まだまだぎこちない思考や行動をもって、一八世紀を生きていたのではないだろうか。

第五章　ナポレオン革命

それは一七八九年に始まった

一七八九年に、パリのバスティーユ監獄襲撃とともにフランス革命がはじまった。そのとき、作曲家ベートーヴェンはまだ生地ボンで、一八歳の青年期をおくっていた。ウィーンを音楽の町にしたてたグルックは、二年前に世をさっている。作曲家モーツァルトは、そのウィーンにあっていまだ若き三三歳の晩年である。そのライバルであるサリエーリは三九歳。ハイドンはといえば、オーストリアの東隣、ハンガリアのエステルハージ家の御用音楽家として、五七歳の初老。

ヨーロッパの古典楽派を代表するひとびとは、八九年にはもういちおうの仕事をおえていた。革命の余波をもろにかぶるような位置にも、世代にもいない。そもそも、かれらは政治の色彩からまったくの遠距離にいたし、音楽と政治とがなまなましく接触するなどということを、想定しようもなかった。だが、一七七〇年うまれのベートーヴェンは、そのとき多感な青年期。あろうことか、この天才は革命とその余波がまきおこす嵐のなかを、髪ふりみだして疾走せざるをえなかった。

といって、ベートーヴェンが政治の言葉をあらわに語ったとか、ある党派に属したといった事実は、まったくない。とはいえ、革命の開始に一八歳、そしてナポレオンの没落に四四歳。そのあいだにいくども、フランス軍のドイツ侵入にであい、悲喜と愛憎をこもごもにした世代であってみれば、政治や軍事と無縁でいきていけるわけもなかった。それが、ドイツ人ベートーヴェンの宿命だったのである。

バスティーユからロベスピエールへ

これまでいくども、フランス革命のおよぼす荒波について、ふれてはきた。あらためて整理するまでもなかろうが、いまいちど、一七八九年にはじまる一連の革命事情だけを、おさらいしておこう。

フランス革命は、八九年七月一四日、パリのバスティーユ監獄の襲撃とともに開始された。むろん前史がある。五月に開催された三部会は、憲法の制定をめざして会合をくりかえし、王政の改革について論議がたかまった。だが王権のほうは、まったく理解をしめさず、経済生活の逼迫をも座視して、放置したままであった。民衆は業をにやしていた。七月一四日は、たんなるパリ市内の暴動であった。だれも、革命の端緒とは考えてもいなかった。しかし、いったん燃えあがった炎を消火するいとまがなかった。無策の政府にたいして、パリの民衆がいらだった。憲法制定国民議会は、その高揚をみて、興奮し先走った。封建制度の廃棄や農民の領主からの解放をはじめ、人権の擁護などを、あいついで宣言してしまった。後にひけない。

王宮ヴェルサイユにむけて行進した女性たちは、国王ルイ一六世をパリにつれだした。国王は衆人環視のなかで、変革の進行をみまもる。翌九〇年には、旧制度をささえてきたカトリック教会が、きりくずしにあった。修道院の解散や僧侶の公務員化が、議会において議決された。革命政府への忠誠をもとめられた教会は、これを拒み、関係はいたって険悪になった。すこしずつ、改革は退路をふさいでいった。それが、革命初期のうごきである。

革命の進行に不安と恐怖を感じるフランス貴族たちは、いちはやく亡命の道をえらびはじめた。隣国ドイツには手引きをする貴族がいた。かれらが立案した革命打倒策は、国王を誘いだすことである。この誘惑にのった国王ルイ一六世は、九一年六月にパリ脱出を敢行する。だが、あえなく挫折。ヴァレンヌの村で捕縛の辱《はずかし》めにあい、フランス国民の信頼を一挙にうしなうはめとなる。

国王の裏切りは、憲法制定作業を促進した。九一年九月、はじめてのフランス憲法が発布された。国王を名義上の首長とした立憲君主政である。人権宣言の精神をうけつぐ、きわめて近代的な憲法であった。これとともに、立法議会が開始された。ここでは、憲法の精神を着実に定着させようという穏健な一派、つまりジロンド派が多数をしめており、改革は軌道にのったかにみえた。しかし、立法議会が一堂に会してみると、さらに急進的な改革をもとめる党派が、しだいに勢力をましていった。他方で、ことごとに妨害をはたらく国王派にたいして、パリの民衆たちは不満を爆発させた。町中の騒動がひんぱんにおこった。そればかりか、革命の進行に憂慮した外国勢力が、亡命貴族を前面にたてて介入の姿勢をとりはじめた。内外ともに、不穏な空気がながれる。

九二年八月のパリ王宮（テュイルリー宮）の襲撃事件は、市民の王政打倒運動にはずみをつけた。王は軟禁され、ついで立法議会は国民公会に模様替えして、王なしの政体、つまり共和政治を宣言するにいたった。これからは、公会のなかでの主導権あらそいが激化する。主流をなすジロンド派にたいして、はるかに急進的なジャコバン・グループが台頭する。ジャコバン派はもとはジロンド派から発していたが、議場の上部席にあって、急激な改革を要求する。しだいに、その方向が合意をとりつけだした。穏健派ジロンドと急進派ジャコバンの対決。一七九三年一月、公会はルイ一六世の処刑を決議する。革命はいくところまで進まなければ止まらない。王と王妃はあいついで、ギロチンにかかった。

賛否の対立もはげしかった。処刑におどろく外国の圧力は、国境にせまった。政府は、革命を防衛せねばならない。国民軍が編制され、戦場にいそいだ。政府は反対派の弾圧を開始する。こうして革命防衛のための恐怖政治が誕生する。恐怖を指導したのは、ジャコバン派の頭目ロベスピエールであった。いかなる敵対もゆるしがたかった。指導部のなかにも、党派対立がおこり、そのたびに革命裁判所は厳罰を宣告し、ギロチンの犠牲者が倍加した。おりしも、西フランスでおこった革命政府への反抗はヴァンデー反乱の名でしられるが、革命政府は民兵を動員して虐殺戦でのぞんだ。こうして、内乱とテロによって数百万のフランス人が死んだ。

あまりに先鋭化してしまったジャコバン独裁は、ついに内部から崩壊した。九四年七月、ロベスピエールも断首され、極限にまで突進した革命は壁につきあたって、逆戻りを余儀なくされる。反動がおそった。急進派は抑圧され、革命政府は穏和な総裁政府によって、とってかわられた。かつて主流をしめたジロンド派が復活して、落ちつくべきところに到達したかにみえる。あいかわらず国王の再臨をもとめる王党派と、ジャコバン風の過激な改革派とは、おさえこまれた。こうして、革命は一巡をおえたかにみえる。総裁政府は九九年まで、凡俗だが安定した政府をいとなみつづけた。すべては終わったのか。

ナポレオン登場す

だが、あらたな幕は、フランス国内からではなく、国外からの手で切っておとされた。すでに別のところでみたとおり、革命にたいする外国勢力の干渉は、はやくも一七九二年にははじまっていた。第一次対フランス大同盟。ロベスピエールは、この外圧をかえって国民軍の士気発揚に利用したのだったが。総裁政府となってからも、圧力は終息しなかった。オーストリア、イギリスなど同盟国の事情が、それを阻んだからである。

かろうじて、九七年一〇月、フランス軍は北イタリアでオーストリア軍を撃破して、軍事上の均衡を確保し、同盟軍との戦争を終結させた。カンポ・フォルミオの和約とよばれる。オーストリアはフランスにライン左岸を割譲し、ミラノとジェノヴァの半独立を承認したうえで、これと交換にヴェネツィアを領有した。フランスにとっては最初の戦果ともいうべき和約を実現した将軍こそ、ナポレオンであった。いよいよ、ナポレオン時代のはじまりである。

コルシカの下級貴族生まれの軍人。背丈はひくく、風采のあまりあがらない将軍。だが、フランス革命はこのコルシカ人によって、思いがけなく救済されたのである。青年ナポレオンははやくから革命の思想に投じ、国民軍の将校として活躍の場をあたえられた。一七九三年、南フランスのトゥーロン港がイギリス軍によって封鎖されたとき、急襲によってこれを解除して名をあげた。まだ二四歳である。ロベスピエールとともに、いったん投獄の憂き目にあう。だが、才能をみこまれて内乱の鎮圧軍をまかされ、パリで、そしてトゥーロンで、腕前を証明した。九六年には、北イタリア遠征軍を託される。まだ伍長の格にすぎない。

ロンバルディアでは、オーストリアという大敵をむこうにまわして、互角以上にたたかった。いずれも電撃戦による勝利である。ナポレオンという厄介な敵をかかえたオーストリアは、とりあえずは休戦の作戦をとり、和約を提議した。これがカンポ・フォルミオの和約である。ここに、第一次の対フランス大同盟の戦争はおわる。フランス国民軍も一安心といっ

ナポレオンのエジプト侵攻を描いた「ピラミッドの戦い」（ルジューヌ作、ヴェルサイユ宮殿美術館）

たところである。

だが、いったん外圧を経験したフランスは、外国にたいして積極策にでることをためらわない。オーストリアとならぶ難敵であるイギリスを牽制しようというわけだ。イギリスの生命線のひとつとみられるエジプトを攻撃すること。インド植民地を確保して、綿花などの原料品をスエズ地峡経由で輸入するイギリスにとって、たしかにエジプトは虎の子であった。はるか東方への遠征軍は、二八歳になったナポレオンの指揮にまかされた。九八年五月、ナポレオンは二万三〇〇〇あまりの兵士と、科学者や技術者をつれて、エジプトにむかった。

イギリスが支配するマルタ島を占領したのち、アレクサンドリアに上陸し、カイロまで達した。熱砂のなかでの行軍は難儀であったが、ピラミッドをみあげるナポレオンの姿は、配下の兵士に感

「皇帝ナポレオン１世の聖別式と皇妃ジョゼフィーヌの戴冠」（ダヴィッド作、油彩画、1805–07年、ルーヴル美術館）

銘をあたえたようである。科学者たちは、生物や地質の調査にいそしんだ。ロゼッタ・ストーンの発見は、この遠征中のできごとである。海上からはイギリスの攻撃をうけて苦戦をしいられたが、陸上ではシリアまでも席巻して、優位にたった。エジプト占領は、一八〇二年までつづく。

だが、ヨーロッパではふたたび対フランス同盟軍が結成され、イタリアがまたしても対決の場となっていた。しかし、パリの総裁政府は無能なままであり、有効な反撃の態勢をかまえられない。ついにナポレオンは意を決してエジプトを脱出し、故国にむかった。九九年八月のことである。

革命暦でブリュメールの一八日（グレ

ゴリウス暦で一一月九日）、ナポレオンはクーデタをおこして、総裁政府を打倒し新政権を樹立した。統領政府という。三人の統領のうちの筆頭者である第一統領は、三〇歳になったナポレオンである。すでに、政治上の野心はあらわだ。なにせ、軍事の天才という世評はみちみちており、若い指導者にたいする期待は国中にひしめいていた。その声にあとおしされるかのように、かれは一八〇二年には終身の統領の地位を獲得。それでもなお、みずからも支持者たちも満足しかねた。つぎなる目標は、ナポレオン王国の実現である。

一八〇四年、元老院はナポレオンをフランス皇帝に推挙。国民投票は、ほぼ満票で帝政の設立を支持した。一七九二年にブルボン王政が廃止されて以来、一二年ぶりにフランスに王家が復活した。皇帝の位は、ナポレオンの子息によって継承されることになり、フランス周辺に建設される新国家（衛星国家とよばれる）では、一族のものが王として即位した。

皇帝即位式が、一八〇四年一二月二日、パリのノートルダム大聖堂でとりおこなわれた。御用画家ダヴィッドの大作でしられる光景が、くりひろげられた。ローマ教皇ピオ七世がはるばる招致されて、ナポレオンに戴冠し、皇妃ジョゼフィーヌの頭上には皇帝から冠がのせられた。ベートーヴェンが、このニュースをきいて、作曲中の第三シンフォニーの楽譜の表紙を棄損したという有名な逸話は、事実かどうかはともあれ、ナポレオン伝説をかざる第一級の挿話である。

さまざまの改革

権力の頂点にはやくも登りつめたコルシカ人。だが、ナポレオンにとっては、権力はさしあたり政治の理想を実現するための手段であった。フランスの政治は、すみやかに改革さるべきであったから。

統領や皇帝の権力が絶大ではあっても、それを輔弼《ほひつ》する議会は現存した。名望家だけの集団ではあったが、合意の体制は欠けてはいない。そして、皇帝の地位は、もともと国民投票で喝采する民意に依存している。いかにフィクションであるかにみえても、手続きはきちんとふまれている。官僚が訓練され、有為のものが登用された。もう、旧制度のもとで腐敗し、無為をほしいままにした売官制の官僚の名残は、とうに消えさった。透明で合理的な制度がいきわたる。

法律が整備された。なににもまして顕著なのは民法である。一八〇〇年から四年間、専門の法律家を起用して作成させたフランス民法典は、ヨーロッパではじめて、市民身分の法的な保障を実現した。私有財産の不可侵が宣言され、平等で自由な権利の尊重、結婚や家族の地位を教会から解放して、民事の領域にとりもどした。フランス革命がもたらした市民の社会的地位を、はじめて法体系として確認したのである。ナポレオンは、みずから法典起草委員会に出席し、一部始終を注視し、助言し、指導した。のちに配流の地で晩年のナポレオンは、民法典ばかりは死後もかたりつがれる偉業であると自賛したという。じっさい、このナポレオンの民法典はヨーロッパばかりか、とおく日本ですら、近代社会の市民身分を保護し、規制するものとして、直接にか間接にか援用されることになろう。

教育や文化の制度には、ことにめざましい改革が実現した。すでに革命の時期から、かつての啓蒙主義運動の成果がみのりつつあった。つまり、知性や教育が社会の進歩に寄与するはずだとの信念が、ひろくいきわたったからである。大学に類する機関とならんで、高度な専門知識を伝授する国立の学校がうまれていた。高等師範学校（エコール・ノルマール・シュペリウール）や理工科学院（エコール・ポリテクニク）などであり、これらは、現在までならぶべきもののない名声を維持している。ナポレオンは、それらを受けつぐとともに、もっと平明な教育に力をそそぐことになった。つまり、初等・中等教育である。

全国、そしてすべての身分にわたる基礎教育という理想は、まさしく啓蒙主義の正道である。ナポレオンは、費用や人員の不足を承知のうえで、これを制度に結実さ

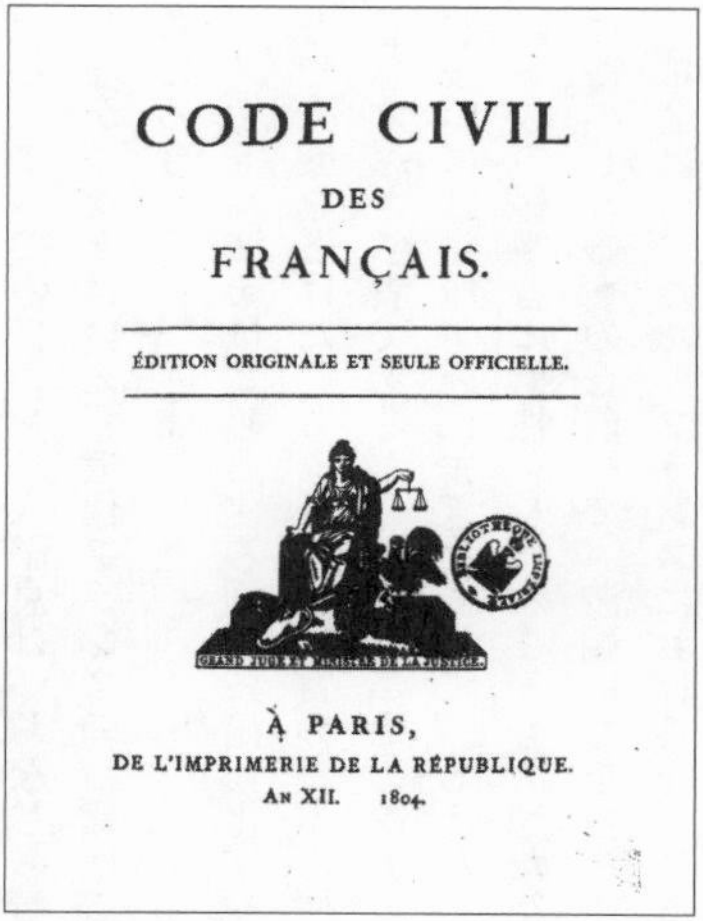

1804年３月21日に公布されたナポレオン法典（フランス国立図書館、パリ）

せた。すべてのフランス人子息は、おなじ教育をうけるべきだ。理想は、かならずしも完遂しなかったとはいえ、近代フランスの目標はここに、高らかに宣言されて、未来を約束されるだろう。

メートル法をはじめとする測量技術、化学や物理学は、どれも革命とナポレオン帝政のもとで発展をとげた。ちなみに、物質の基本を原子や分子の結合とみなしたラヴォアジエは、記念すべき学者であるが、じつは革命の寵児であった。ロベスピエールの戦列にくわわり、しまいには党派争いにまきこまれて、あえなくギロチンの露ときえた人物である。ギロチンは多数の科学者に犠牲をしいることもあったが、かれらは知識と学問が社会の進展におおいに寄与しうるものと信じて、波瀾に身を投じたのであった。

革命はいったん、フランスにおけるキリスト教会の役割を否定しようと考えたにちがいない。神とイエスにかわって理性を崇拝せよと命じたこともある。だが、理性の暴走に痛みを感じたひとびとは、信仰とのあいだに穏当な一線をひくことで、安寧をうることができると気づいたようだ。教会を国家のうちがわで、ゆるやかに保全すること。カトリックの大国であるフランスにとって、賢明な選択だろう。ナポレオンは、その対教会政策を教皇との政治的やりとりで貫徹できるものとみた。だから、教会の聖職者や修道士から、広大な領地や敷地をとりあげたうえで、神父たりとも国家と政府の命令には一歩をゆずるべきだと唱えた。

一八〇一年、ナポレオンの特使と教皇庁とは合意に達した。キリスト教会は、政府の権威の承認のもとで健全にいきてゆくことができる。ただし、聖職者はすべて、国家から給与をうけ、政府の命令を尊重するかぎりで、安穏に活動できる。つまり、神父たちはフランス国家の公務員となった。司教をはじめとする役職は、まずはナポレオンの保障のもとで任命され、ただ教皇によって追認されるばかりのこと。両者のあいだの政教和約は、これらのことを約定して、きわどい対立を解消した。カトリック国家フランスは、すんでのところで聖俗の分裂を回避し、信仰と国家という近代世界の宿命的課題に、モデル答案をあたえた。それも、ナポレオンの強気のあらわれであり、根気づよい交渉の結果でもあった。

国家の金融政策を実行するために、国立のフランス銀行を設立した。国家への功労をねぎらうべくレジオン・ドヌール勲章を制定した。どれも現在にあって、健在である。

そして最後に、ナポレオンの生命線というべき軍制。志操と情熱ばかりは一流だが、戦闘経験と訓練にとぼしい国民軍の弱点を、かれはよく承知していた。すでに国民の兵役義務は実現していたものの、大量の軍事力の組織技法が未熟だ。ナポレオンは、この烏合の衆を、たちどころに勇敢で機動性ある正規軍にくみかえた。いまや、局地戦をだらだらと続行する旧制度の封建軍隊ではない。国家全体の浮沈をかけてたたかう、「国民軍」に再編された。戦争は、一将軍の職務ではなく、国民の営みとなった。そうなれば、手ぬきや裏切りはゆるされない。国家の総力をもって、戦争は遂行される。

総力戦という考えかたである。ナポレオンの戦略眼や軍隊組織法を手本にして、のちにドイツ人クラウゼヴィッツが『戦争論』をかいた。近代戦争論の古典といわれる。プロイセンにあって、ナポレオンの実戦を目のあたりにしてから、クラウゼヴィッツは、近代世界にとって戦争とはなにか、という設問を執拗においかけた。だが、論より証拠とでもいうのか、ナポレオンという実在の戦略・戦術家の実践を祖述することで、理論も万全だという認識にたっしたようである。

「ナポレオン革命」の理路

このようにして、ナポレオンはフランス国家を根底から変革した。じつは、ナポレオンこそ真実の革命家だったのかもしれない。もっとも、ふつう歴史家はナポレオンの登場をもって、フランス革命は終わったと説明する。一七九九年のブリュメール一八日のクーデタにより、革命は墓場に葬られたのだと。バスティーユからちょうど一〇年。民衆がふるい社会の転覆をはかって成功をおさめた革命は、いまでは猛々しい独裁者の権力によってふたたび覆されたのだと。

たしかに、激烈な破壊をめざした革命の色調は、いまではすっかり薄れてしまった。ナポレオンは革命にピリオドをうった。けれども、そのナポレオンはといえば、かつてロベスピエールの崇拝者でもあった。そのために入獄も経験している。若い日々には、ジャン・ジャック・ルソーの愛読者でもあった。下級貴族の出身であるが、いかなる意味でも旧体制の擁護者ではない。軍制、官僚制、法制、教育制度、そのすべてにあって、ナポレオンは、いまひとつの革命、「ナポレオン革命」をめざしたといってもよい。本来の革命の成果が旧体制の打倒という、とりもどしのきかない変革であったように、ナポレオンの革命も、かれの没落をこえて、消しがたい刻印をフランス社会にしるし、結果を永続させた。

フランスを革命したナポレオンにとって、つぎにはヨーロッパ全土を革命する仕事がまっている。ベートーヴェンのドイツに、ベートーヴェンのウィーンにたいして、ナポレオンはなにを仕掛けたのか。イギリス人やイタリア人、スペイン人やロシア人の眼に、ナポレオンはどんな革命者と映ったのか。そのことを見るまえに、いまひとつの革命図を一瞥しておこう。ナポレオンとその王朝が、パリという街にもたらした革命である。

パリ、「文明の首都」

パリは、バスティーユ以来、しばしのあいだ騒動の巷であった。革命広場、つまりのちのコンコルド広場は、群衆がつどい、断頭台が裏切り者を処刑する革命劇場であった。ブルボン王朝が飾りたてた贅肉はそぎおとされ、憎悪と敵愾心《てきがいしん》がうずまく陰惨な都になった。ロベスピエールとジャコバン政権の転落によって、ようやく優雅の趣がもどったのは、総裁政府の誕生によってだ。淑女たちが、長めのスカートの裾をひらめかせて街路を闊歩できるようになったから。しばし禁圧されてきた深夜の宴会が、ふたたび放歌と嬌声を町中にひびかせるようにもなった。だが、パリの街そのものは、まだまったく旧態依然であった。

ところが、ナポレオンの登場は、パリの面目を一変させた。ヴェルサイユを居所にえらんだブルボン諸王とはちがい、皇帝はパリのどまんなかに宮廷をいとなんだ。王朝の旧跡であるテュイルリー宮である。まるで、旧王朝の復活ともみえたであろう。テュイルリー宮はのちに火災で半壊したために取りこわされ、かろうじてテュイルリー公園として、その名残りを現在にとどめるが、その広さからみてもナポレオンの威光はあきらかである。それだけではない。ルーヴルとテュイルリー宮殿のまわりで、大仰な開発がすすめられた。

宮殿の北面にそって、広闊な直線街路が建設された。むろん、猥雑な路地や居宅を撤去してのうえである。パリにあって、ほとんど最初の大通りとでもいうべきか。当初からリヴォリ通りとよばれて、現在にいたっている。宮殿と反対側の街路には、整然とした建物が建設された。高級品をあきなう商店が、いっせいに開業して、貴紳と淑女たちを客にむかえた。装飾品とモードがパリの表看板となるのは、宮廷がそのままで巷のなかに進出したかにみえるブティックのおかげである。

カフェとレストランが、おなじく町中に出現した。旧制度下で、貴族の館にあって悠然と料理人の地位をいとなんできたひとびとが、革命で職をうしない、市民相手の外食店を開業したのだという。それほどに単純かつ即時にではないようだが、それにしても宮廷文化がやむをえず町中に支援者をもとめたのは、たしからしい。貴族社会の象徴とでもいえるパレ・

ロワイヤルの庭園が、出入り自由となり、レストランの故地となった。庶民だれでもというわけではないにしても、裕福な市民であれば、ひとかどの貴族になったような気分で盛装し、パリ暮らしをたのしむことができた。

マドレーヌ寺院やヴァンドーム広場、カルーゼル凱旋門が新設された。どれも、雑然としたパリの市街地には不似合いなほどの、モニュメントである。なにせ、シャンゼリゼ通りも大凱旋門もまだ姿をみせず、ただ革命広場が、だだっぴろくよこたわるばかりだった。そこに登場した大建造物。まるで、ヴェルサイユがパリに移転したかのようにもみえたろう。実際、ナポレオンの意図からすれば、パリを宮廷・庭園都市に衣替えさせたかったのだ。

もともと、フランス王国ではパリの比重がおおきかった。革命もパリを中心にくりひろげられた。だが、革命から帝政にいたる十数年間に、パリにむけて田舎人の波がさらにおしよせた。革命がひとをよんだというのが、正確だろうか。職人と工夫、商人と小金持、それに浮浪者と脱走兵。六〇万人前後と想定される市民のうちで、あらたな流入者が多数をしめるにいたった。ナポレオンのパリは、建設中の新生都市である。

皇帝ナポレオンは、パリを「文明の首都」と命名した。帝都パリである。まだまだ、中世風の混沌と貧困を脱しえないにしても、「文明」の建設にむかう先頭ランナーではあった。革命のパリは、「野蛮」とでもいうべきおびただしい犠牲をはらったのだが、それを償うだけの余得をも手にしたのだった。おおくの旅人が、パリの変貌におどろいた。ナポレオンの威光がこれほどにまで行きとどいた首都。半世紀ものちに、おなじナポレオンを僭称した三世が、「パリ大改造」に挑戦するのだが、すでにそれのモデルは「文明」の名のもとに、忽然と姿をあらわしていたことになる。

「二都物語」のひとびと

いまや、ヨーロッパにならぶもののない首都というべきか。だが、ナポレオンの制覇に執拗に抵抗したイギリスにあっては、ロンドンが巨大な経済力をほこっていた。パリと覇をきそっていたロンドンをしのぐことができるか。

けれども、パリにとって、もっと気掛かりなライバルがひかえていた。みずからの「文明」をかかげながら、いまひとつの別の「文明」がほかに厳存しているかのような脅《おび》えを感じたからだ。オーストリアの首都、ハプスブルクの都、ウィーンである。風前の灯火というべき神聖ローマ帝国の都ウィーン。そんなものは、旭日昇天のナポレオンにとって、ほんの虫けらのようにしかみえなかったはずなのに。

じつは、オーストリアはナポレオンのヨーロッパ支配にたちはだかる巨大な壁だった。軍事力、外交力、それに「文明」の力。どれをとっても、侮りがたいライバルである。革命のあらゆる兆候にたいして、妨害と敵視を辞さない旧勢力の支柱。対フランス大同盟の屋台骨。ヨーロッパ戦線のあちこちで、オーストリアはフランス軍に抗戦した。イタリアでも、

1805年、ナポレオン率いるフランス軍のウィーン入城（彩色銅版画、ウィーン博物館）

ドイツでも。

ナポレオンは、かの快進撃のあいだ、二度にわたってウィーン入城をはたした。一八〇五年一一月と一八〇九年五月である。いずれも勝者としてである。二度目のさいには、シェーンブルン条約をむすんで、フランス領土の拡張とオーストリアの縮小を達成した。ハプスブルク国王は、ナポレオンの強圧のまえに後退をしいられ、あまつさえ王フランツ一世の長女マリー・ルイーズをナポレオンの妃に提供するはめになった。国の保全をはかる、外相メッテルニヒの画策だという。第一の妻ジョゼフィーヌに子がうまれないことを理由に離縁した皇帝は、こんどは由緒ある王家から妻をむかえた。甲斐あって、ルイーズには男子がうまれた。フランソワである。若き「ローマ王」ナポレオン二世となって、一族の輿望《よぼう》をになう。

パリのナポレオンには、ウィーンの血がながれこむ。そのとき、ウィーンはふるい帝都であった。まだ、直径三キロの城壁のなかに蟄居し、いささかの変革も拒絶して、旧制度の利得に酔っていた。改造にいそしむパリとはちがい、ウィーンの街は往古の栄光にのみ頼りきる古風の首都であった。むろん、一八世紀の初頭以来、城壁のそとには離宮であるシェーンブルン宮や、オイゲン公の邸宅であるベルヴェデーレなど、広大な宮殿がうまれてはいた。だが、バロック文化の粋ともいえる建造物も、パリのまえではいかにも古風がいやまさり、ただ牢固な過去にしがみつくばかりにみえたであろう。

勝者ナポレオンであってみれば、ひとおもいにウィーンをその軍靴のもとに蹂躪しつくしても、不思議ではあるまい。古色蒼然たる都を、ただ蔑みの眼で睥睨すればすんだであろう。だが、まったく逆に、ナポレオンはウィーンに固執したのである。一世の風雲児にとっても、伝統の権威は否みがたいものがあったのか。ウィーンから輿入れしたルイーズをことのほか熱愛したナポレオンは、ハプスブルクの血脈に参入する誇りに酔いしれたようである。

パリとウィーン。いまわたしたちは、この時代とともに「二都物語」をたどっているらしい。チャールズ・ディケンズはのちに、『二都物語』において、フランス革命時代のロンドンとパリを舞台として、歴史恋愛小説をかいたが、ここでの二都は、むろんパリとウィーン。

傾国の王妃マリー・アントワネットから、マリー・ルイーズまで、ウィーンとパリをいきた女性の足跡のことばかりをいっているのではない。あるいは、時を先まわりして、ナポレオンの後始末をつける国際会議がウィーンで開催されたという、歴史の皮肉にいきあたるからばかりでもない。そもそも、バスティーユからナポレオンの盛衰にいたる二五年間のヨーロッパ世界が、じつはパリとウィーンという「二都」を焦点とする楕円形をなしているという、厳粛な認識をこそ強調したいからである。

前者は、旧体制を脱却して、あらたな社会へと突進した。「フランス革命」においても、また「ナポレオン革命」においても、おなじように。後者はといえば、古いヨーロッパの価値を体現しながら、しかし古いがゆえに多産な沃土に根ざしていた。パリからきたナポレオンの軍勢は、ついにはウィーンから全ドイツまでを蹂躙しはじめる。二都の楕円形はすんでのところで破壊され、ナポレオンという真円にちかづこうとする。その過程は、あらためてたどることにしたい。

第六章　ナポレオン・ショック

神聖ローマ帝国の末期

一八〇六年八月六日である。この日は、ドイツ民族にとって忘れようもない、痛恨の日付となった。「ドイツ国民の神聖ローマ帝国」が、地上から消滅したのである。

ふつう、略して「神聖ローマ帝国」とよぶ。九六二年二月二日、オットー一世（大帝）が皇帝を名乗り、ローマ帝国を再建したと宣言していらい、じつに八四四年の年月が経過した。帝国は、いちども途絶えることなく存続した。ときに、皇帝が空位になる事件はあったが。

じっさいには、この帝国はドイツとその周辺を包含するにすぎぬ、「ドイツ民族」の私有物であった。それに、神聖ローマ帝国という呼称も、後半の四世紀ほどに通用するだけのことだったという。いろいろと限界をくさすのは容易だが、ともかくもローマの栄光を継承し、ヨーロッパの伝統を保持する歴史の主役でありつづけた。その帝国が、いま消滅したのである。それは、無上の大事であったはずだ。

ところが、事態はごく平静にすすんだ。八月六日、ドイツ国民の神聖ローマ帝国皇帝フランツ二世は、ごくあっけなく退位を表明した。なんの未練もないようだ。だれも引きとめず、そして後任を名乗りもしない。帝国は、みなに見放されて崩壊した。だれが直接、手をくだしたのでもない。ごく自然に去っていった。見送るものもなく……。

皇帝フランツは、慣例によってオーストリア・ハプスブルク家の当主である。かれは、いまやドイツ民族の皇帝であることを拒み、ただオーストリア帝国の頭にすぎぬと自認した。その新帝国では、フランツは正式には二世ではなく一世とよばれる。

オーストリアは、フランス革命軍からナポレオン軍にいたる、一〇年をこえたフランスの軍事侵略にたいし、妥協をゆるさぬ抵抗をしめしてきた。革命にたいする反動の権化とみなされながら、ひたすら孤塁をまもった。ドイツ各地は、ナポレオン風がふきあれ、ウィーンの威令などとどく気配もない。絶望におしひしがれて、皇帝はすでに一八〇四年、オーストリア帝国としての自立を宣言していた。ちょうどおなじ年、フランスはナポレオンのもとで帝国になった。ふたつの帝国が、ヨーロッパの東西に並立するかたち。

こんなわけだから、一八〇六年、ほとんど有名無実におちいった神聖ローマ帝国は、葬送曲もなく墓場にほうむられたのだ。ドイツという大荷物を肩からおろしたオーストリアは、あらためて領土を東の地平線まで確認した。ボヘミア、ハンガリア、ドナウに沿ったバルカン半島の土地。どれも、ドイツ人とはちがう言葉をはなすスラヴやマジャールの民である。ドイツという民族だけではなく、東方の諸民族を基礎においた、本来の意味での帝国が、あらためて誕生したといってもよい。というのも、帝国とは諸民族の結合を第一義としており、もともと神聖ローマ帝国もイタリアやフランスに広く領土を保有していたのであるから。

いよいよオーストリアは、自前の帝国を擁してナポレオンと正面衝突にむかうのか。ところがまだこのとき、帝国は安全圏にいた。ナポレオンとフランス軍の矛先は、べつの方角をむいていたからである。

再編されるドイツ諸邦

まずは、ライン川左岸。ここは、ナポレオン以前からフランスの支配下にあった。その地にあるドイツ領邦は、神聖ローマ帝国から身をまもるべく、西側の大国の影を利用したのであるが、この外交戦略はとうにお馴染みのもの。ただ、今回は以前にもまして、明白な政治の意識にもえていた。フランスからの風にふかれて、政治の刷新の意気をいだきはじめた。領内には、ほとんどジャコバンにちかい急進革命派もいたようだ。その激発はもっとも恐れられた。慎重に抑圧される。けれども、行政の合理化や身分の自由をもとめる啓蒙主義政治家の発言は、どの領邦でもきわだち、新機軸でのドイツ再編までも、構想のうちに胚胎しだしていた。

一八〇六年七月、ライン沿岸の一六の領邦は同盟を結成した。かつて一七世紀に出現したものとおなじく「ライン同盟」とよばれる。いわば、第二次同盟である。このたびも、マインツ大司教がリーダーシップをとった。マインツをはなれ、レーゲンスブルクにうつっていた大司教ダールベルクは、ライン左岸だけではなく、大国バイエルンやヴュルテンブルクをさそいこんだ。いまや、オーストリアとプロイセンのはざまにある最大のドイツ勢力となった。この状況を目のあたりにしたハプスブルク家は、絶望のあまり神聖ローマ帝国の存続を断念したほどである。ライン同盟は、中世以来の老体に死亡宣告をわたす役割を、みずから買ってでたのである。

同盟は、さらに拡大をつづけた。帝国から放りだされた孤児であるヴェストファーレン王国、フランクフルト大公国も、連合体による保護をもとめて参加した。ついには三六の領邦をつらねて、ドイツの命運はライン同盟の手に託されたかにみえる。だが、その同盟は主権をもつ国家とみなされていたものの、全体としては、けっして独立して、自在に行動できる政治勢力ではない。フランスの影はあまりに強大であって、ナポレオンの声がかりなしには、動きがとれない。ナポレオンは同盟の「保護者」と規定され、どの領邦も個別にフランス皇帝と盟約しており、その意にそぐわぬ行動をとるわけにはいかない。

やがてナポレオンがドイツで軍事作戦を実施するようになると、ライン同盟は盟約にしたがって援軍を派遣するよう促される。ナポレオンは、西南ドイツの軍事力をもって、ほかのドイツの制圧にのりだすことが可能になる。オーストリアがもっとも憂慮した事態がせまってくる。

だが、ナポレオンの進軍はこれに先んじて、標的を北に向けていた。北の国、つまりプロイセンである。バイエルンを出発したフランス軍は、プロイセンの同盟国ザクセンの領土に侵入。一八〇六年一〇月一四日、ドイツの運命をきめる大遭遇戦が、イエナ市郊外でくりひろげられた。イエナ・アウエルシュテットの戦いという。プロイセンは、フリードリヒ大王時代以来の軍事大国である。フランス軍と互角以上にたたかうはずであった。しかし、装備も、また軍規も段ちがい。勝負は、きわめて明瞭であった。完勝をおさめたナポレオンは、意気揚々とイエナに入城した。その雄姿を哲学者ヘーゲルは、感嘆をもって眺め、「馬上の絶対精神」に世界史の現実を痛感したことであった。

壊滅したプロイセン軍は、ナポレオンの進軍をとどめることができない。首都ベルリンは、無抵抗で皇帝をむかえた。プロイセン王は東方のバルト海沿岸にまで逃亡して、かろうじて屈辱をさけ、一部の残留軍が抵抗をしめしたが、無駄であった。プロイセン国家はほとんど解体の寸前であった。かろうじて、さらに東方にひかえるロシア帝国が、フランスを牽制し、領土の放棄と割譲や制裁金の支払いをもって、プロイセンを生きのこらせた。一八〇七年七月、「ティルジットの和約」は、プロイセンの存在をなんとか保障したが、じっさいは「ティルジットの屈辱」として、語りつがれた。フランス軍が駐留する国家など、プロイセンにとって我慢がならぬ事態にほかならない。

ナポレオン軍、破竹の勢い

こうして、ドイツの広大な野は、フランス国旗がひるがえる隷属の地となった。さて、いよいよつぎのターゲットはオーストリアである。プロイセンよりもさらに軍備弱体にみえ、改革のおくれも目立つ帝国は、はたしてナポレオンの侵攻をとどめることができるだろうか。オーストリアは、仇敵プロイセンの破綻を喜ぶ事情にはない。抵抗をよびかけるほどに、ドイツへの配慮がまさる。もっとも、プロイセンなどドイツ諸国の抵抗なしには、オーストリアは裸のままナポレオンを迎えうたざるをえなくなるのだ。

一八〇九年五月、ナポレオンはバイエルン軍をともなって、オーストリアに侵入した。一八〇五年にウィーン入城をはたして以来、二度目の遠征である。こんども、ウィーンは風前の灯火のようであった。ところが、伝統のオーストリア軍隊は、ここで意外な善戦を披露する。ウィーン東郊アスペルンでの会戦では、オーストリア大公カールのひきいる軍勢は、フランス軍と激戦をたたかい、甚大な犠牲をはらいつつも、これを撃退した。遠征途上にあり、地勢もわきまえぬナポレオン軍であったにせよ、世評をくつがえす事件であった。フランス軍は、装備と作戦をあらためざるをえない。

それどころか、バイエルン国境から侵入するフランス軍は、思いがけなくも山岳戦闘で苦戦をしいられた。オーストリア西部のティロルで、得意の遊撃戦にもちこまれ、不本意の立ち往生においこまれたのだった。なかなかに手ごわい相手だとの認識がひろがった。

とはいえ、結局は一八〇九年七月、戦意にまさるナポレオン軍はウィーン郊外ヴァグラムにおいて、オーストリア正規軍を撃破して首都入城をはたした。かつて、オスマン帝国軍の執拗な包囲にもよくたえきったウィーンの城壁は、このたびは軍事の天才によって、たくみに克服されたのだった。たしかに、時代の変化を市民たちは身にしみて理解したことであろう。むろん、このとき三八歳のベートーヴェンも、息をひそめつつ郊外の攻防がひびかせる轟音に耳をそばだてていた。

一〇月一四日、講和条約が締結された。郊外に威容をしめす離宮シェーンブルンで、オーストリアは屈辱の条件を受けいれた。アドリア海にそって確保してきた地中海への出口は剝奪された。大分割で入手したポーランド内の領地のほとんども放棄した。抵抗のティロルもおなじく。莫大な賠償金を支払い、反フランス陣営の頭目はすっかり失意にしずんでいった。

ナポレオンの宿願は、ほぼ達成された。すべてのドイツ領邦は、皇帝の膝元に屈し、解放の英雄として歓迎するはずである。さて、つぎにはそのドイツ人全体がどのように振る舞うかが問題だ。ナポレオンが確信したようにか、それとも期待に反してか。ここでも、ドイツ諸邦はおおむね三つのちがった類型にしたがう。

第一は、ライン同盟である。ナポレオンの洗礼をいちはやく受け、フランス風理想の核心をまなんだことで、進取の気性をはぐくんだ。古めかしい社会の基盤をくつがえさぬまでも、ドイツの政治をいずこへリードしたものかについては、同盟に属する領邦の政治家は見当をつけはじめた。すでにフランスの強制のもとで、産業や通商の合理化を実現させられており、中小の商工業者などにとっては有利な社会体制が定着しはじめていた。古来の不合理な課税や特権によってではなく、自由な経済活動を保障すれば国力が増強できるとの理解がひろがっていた。これは、ドイツではじめて体得された理想である。

くわえて、ドイツ政治のシステムにたいする提唱もあらわれた。バイエルンのように強大な保守王国もあったが、それをもふくめて諸邦の連邦制度によってゆるやかな国家統一までも構想するものすらあった。この構想は、当面はきまって理念だおれにおちいったものの、やがて一九世紀ドイツを力づける下からの統合エネルギーとなって、開花するはずである。

プロイセンは改革、オーストリアは外交策

第二は、プロイセン。これは、ナポレオン侵略をもっとも深刻にうけとめた。フランス軍への抵抗を指導してバルト海にのがれた政府は、大臣カール・ハルデンベルクのもとにあった。対フランス強硬派である。しかし、ティルジットの和約によってナポレオンの要求をうけいれるにいたり、国王はカール・フォン・シュタインを首席の大臣に起用した。改革をとなえて、いったんは政府にはいったものの、官房の無力を攻撃して失脚においこまれたもの

だったが、国難にあたってふたたび登場をうながされたのである。一八〇七年九月のことであった。それから一年あまりのあいだ、シュタインはやつぎばやに国家行政の改革を遂行する。そのあとに、これまた再起用された宰相ハルデンベルクともども、敗戦後のプロイセンを再建する大事業を託される。「プロイセン改革」とよばれる時代のはじまりである。

ともに自由主義と合理主義とをかかげた改革者であるシュタインとハルデンベルクは、個性は対照的だったようだが、競いあうなかでフランス監視下のプロイセンを、着実に近代化することに成功した。行政組織としては、はじめて内務・外務・法務など、専門別の官庁をおいて、系統だった政務を可能にさせた。地方ごとの議会が自治原則をみとめられた。軍隊の養成制度を整備して、機動力をました。もっとも、ナポレオンのたびかさなる妨害をくぐりぬけながらだが。

臣民の地位は、すっかり改善された。農民の隷属性は解消された。ギルドは解散され、営業や職業選択は自由が保障された。ユダヤ人も、国民としての権利が承認された。これらはみな、フランス革命とナポレオンが変革の理想としてかかげてきたところであり、輸入品ながらも、プロイセン政府が熱意をもって採用したのである。すべてが順調に改革されたかにみえる。

実際には、こうした改革は字面ばかりの部分もおおい。古い勢力からの抵抗と反動はいちじるしかった。理想とはことなった結果にいたることもしばしばである。それに、かつて同様の理念をかかげたフリードリヒ大王たちがそうであったように、この改革も政府の独裁や専制そのものをくつがえすわけではなく、また国民の自立した要求によって合意されたのでもない。「上からの改革」とよばれるゆえんである。またしても、啓蒙専制の改革だったのだろうか。

そのことは否定できない。けれども、一八世紀の改革にくらべて、今回の「プロイセン改革」は、かなりの実効があがった。もう、プロイセンたりとも絶対主義国家を継続するわけにはいかなかった。ナポレオンの圧力のもと、後戻りをゆるさぬ国家改造が必要だった。歴史は、確実にまえにむけて進んでいる。ほかのドイツ諸邦にはるかに先がけて、プロイセンがナポレオン・ショックを有効に利用したのだった。それあってこそ、のちにビスマルクはプロイセンをしてドイツ統一の主役にしあげることになり、近代以降のヨーロッパ世界での地位を、揺るぎないものにしあげたのでもある。

プロイセン改革のなかで、とびきり注目をあびる局面があった。政府にむけて提唱された諸策のうちでも、大学の建設は、みごとな成果をおさめた。ベルリン大学の創設である。ヴィルヘルム・フォン・フンボルトを指導者としたプロイセンの学者たちは、学問と人材養成を国家建設の要諦とみなし、先鋭な意識をもつ教育者をつのった。すでに数百年の歴史をもつドイツの諸大学とはちがい、ここでは国家枢要の人物をうみだす新戦略がつよく意識されている。

フンボルトは、思慮にみちた人文主義者でもあった。ドイツ各地から招聘されたベルリン大学教授には、哲学者フィヒテ、シュライエルマッハー、法学者サヴィニー、歴史家ニーブールらがいる。かれらは、いまやキリスト教神学の束縛から自由となり、社会との接点を敏感にとらえる新鮮な学壇を構成した。やがては、ヘーゲル、ランケ、フィルヒョウ、コッホといったヨーロッパ学問史をかざる人物の到来をむかえることになろう。ベルリンはここでもドイツ人の希望の灯火になる。

さて、第三はベートーヴェンのすまうオーストリアである。こちらは、まったくの鈍感さであった。貴族たちの改革忌避はすさまじく、行政制度の整備に着手する道はひらけない。ナポレオンのきびしい監視のもとで、兵制をととのえるのがやっとのことであったが、その軍隊はカール大公とヨハン大公の指導のもとで、ひそかに体力をそなえ、やがてくる反ナポレオン戦争にむけて準備はおさおさ怠りないといったらよいだろうか。

ただし、ハプスブルク家にとって伝統の外交政策は、今般もまたたくみであった。フランスへの対抗を基本としたシュターディオン外相を更迭し、在フランス大使であった老練な外交官メッテルニヒを後任にあてた。メッテルニヒは、シェーンブルン条約をうけて親フランス政策に転じ、ナポレオンを安心させた。ジョゼフィーヌ妃を離縁して再婚相手をさがし、ロシア王女からは拒絶の返事をうけて困惑していたナポレオンに、政略結婚というヨーロッパ王室秘伝の仕掛けを提示した。ハプスブルク家の王女マリー・ルイーズをおくりこんだの

ナポレオンの妃として王女マリー・ルイーズを送り出す
（B．ヘーヒレ作、油彩画、ウィーン美術史美術館）

である。王室の由緒がほしくてたまらないナポレオンの心中をみやぶり、皇統をたかく売りつける術を駆使するところなど、憎いばかりの外交策であった。マリー・ルイーズは、嗣子のなかったナポレオンにめでたく男児を贈り、その男児はナポレオン二世、かつローマ王シャルルとして皇帝の溺愛を占めるようになる。

ベートーヴェンの政治思想

フランスの政情がドイツにおよぼした波紋は、以上のとおり激甚であった。とりわけ、ナポレオンとその軍隊がドイツの地にもたらした衝撃は、ドイツ宗教改革や三十年戦争のそれをうわまわるものですらあった。いまや、神聖ローマ帝国の威光にたよって安穏とすごすことはできない。ドイツ人作曲家としてベートーヴェンが遭遇したのは、こうした現実であった。いわゆる古典楽派に属するモーツァルトやハイドン、グルックといった一八世紀の音楽家は、みなその現実がひろがるまえに世を去っていた。かれらは、貴族たちにささえられた絶対主義国家のなかで、それなりに安定した音楽環境を保障された。いくえにも、個人的な不満と逆境はあったにせよ。

ベートーヴェンがウィーンにやってきた一七九二年、すでに激動の帳《とばり》はあがりはじめていた。三〇歳代の旺盛な活動期、それこそナポレオンによるドイツ解体の全プロセスに相当する。いかなる点でも政治家ではなく、政治思想家でもなかったベートーヴェンにとって、この政治の激動はどんな意味をもつことになったか。じゅうぶんの証拠をもって論ずることはむずかしい。音楽と政治とを密着してかたりうるのは、ようやく一九世紀ロマン派以降のことである。ベートーヴェンにあって政治とか社会とかは、複雑な文脈のなかで読みとかれざるをえない。

いくつかの側面が注意される。第一に、ベートーヴェンは、その先人たちとおなじく貴族たちをパトロンとして作曲活動に従事した。貴族たちは、オーストリア絶対主義のなかで広大な領地をいとなんでいた。ウィーンは、領地をはなれて宮廷社会をたのしむ貴族のみやこである。ベートーヴェンにとって最大の後援者であったルードルフ大公は、みずから帝国の運命をになう貴族の典型である。オーストリアでの改革には、つねにこの貴族たちの強靭な抵抗があったのだが、だからといって、貴族は従前の地位を安全に維持しえたのではない。フランスにたいする抵抗は、貴族への財政負担をもとめたし、戦争による領地の荒廃は農民にとっても貴族にとっても同然であった。

なにより、ナポレオンの進駐は都市ウィーンから貴族たちの疎開をしいた。そのまま没落にいたった貴族もすくなくない。ベートーヴェンばかりか、おおくの宮廷芸術家がパトロンをうしない、生活の糧をうばわれた。かろうじて残った宮廷貴族も、かねてのように優雅に宮廷音楽にききほれてすごすことは困難である。一八〇五年ころを境目として、ベートーヴェンの楽想が独特の展開をしめしはじめるのも、都市ウィーンと貴族たちのこうした変動と関連がある。貴族をみかぎったわけではなかろうが、より広い鑑賞者を対象として想定せざるをえなくなる。

だからといって、ナポレオン時代にはやくもウィーンに市民社会の誕生を期待できるだろうか。貴族社会からはなれ、みずからの経済力をもって政治や文化に発言をたくらむ市民。ベートーヴェンの音楽にたいして、宮廷社会とはことなった価値観を大胆に主張できる市民。残念ながら、ウィーンはおろかパリにも、そしてベルリンにも、そんな市民がごっそりと登場しえたはずはない。貴族社会の限界をよく承知しながらも、それに代替しうるようなべつの社会を模索する苦悶。それこそ、一九世紀初頭のヨーロッパ大陸の実情だっただろう。「市民」はまだ、認知されないあいまいな境遇にあった。とりわけ、ドイツ世界のなかでも、もっとも伝統依存のいちじるしいウィーンにあっては。

けれども、第二に注意しておきたい。鍵は、ベートーヴェンの出生地にある。二一歳の年に生地ボンをはなれ、ふたたびもどることもなかったベートーヴェンであったが、しかしその体内にはラインラントの血液がながれていたようだ。父方はフランドル系。ボンに移住してひさしいが、その地こそラインラントの中心地のひとつである。ケルン大司教領にあって、ドイツにおける特異な地位を主張する。すでに、一八世紀には西隣のフランスから、清新な啓蒙志向の自由主義の風がふきこんでくる。そこへ、フランス革命のニュースがとびこんできた。

ナポレオンの理想主義をいちはやく受けいれたラインラントが、神聖ローマ帝国に見切りをつけ、フランスの後見のもとにライン同盟を結成したのは、さきにみたとおりである。それが、結果としてフランスの国家利益に奉仕することになったのは、ナポレオン時代という特殊な事情のおかげだ。ラインラントの人びとは、本心で自由や平等といった抽象的な価値が、国の境をこえて普遍的に通用すると信じたにちがいない。フランスとプロイセン・オーストリアという巨大なパワーにはさまれて、ラインラントの精神は国際政治の力学のかなたに、けなげな理想主義の炎をかいまみたことであった。

この理想主義こそ、ベートーヴェンその人の影をうつすスクリーンであった。たまさかウィーンの都にあっても、ラインラントからやってきた武骨な西南ドイツ人は、「人類」とか「自由」とかの価値を、衷心から信じて革命の時代を生きた。しばしば、ベートーヴェンをして、不抜の「平民主義者」とよぶ見方がとなえられる。この語を、もし政治的なジャコバン主義と等置するならば、たぶん過剰な評価だろう。けれども、どのような政治の体制や党派であれ、なにがしかは普遍的な価値の実現として理解しようとするときに、平民主義は等身大の思想となる。自由とか、人類とかの思想。いや、まだ思想とよぶのもはばかられるだろうか。だが、カントやフィヒテの哲学を読みとったドイツ人の多くは、そうした等身大の思想を語りはじめたはずである。

ベートーヴェンの政治思想のあらわれとして、よく歌劇《フィデリオ》がひきあいに出される。素材をスペインにとったフランス人N・ブイイの原作にもとづき、ドイツ語に翻案されたものだ。圧政に反抗する民衆の英雄フロレスタンは専制政府によって投獄されるが、勇気ある妻レオノーレが男装して救出する……。

ナポレオン時代のまっただなか、改作されながら完成にむけて磨きあげられたベートーヴェン唯一の歌劇である。政治の暴圧にたいして、理想と愛とが勝利するという筋書きは、ウィーンにあってすらも好意をもって受けいれられた。それは、ほぼ同時代に発表されたシラーの『ヴィルヘルム・テル』（一八〇四年）にもにて、意図的な政治メッセージをあらわにしているかもしれない。だが、これとても、ハプスブルク政治にたいする表面だった抗議だとみなすのは、無理があろう。背景はたしかに政治ではあるが、主題はやはり愛とか信念とかの普遍的価値のほうに向けられる。それゆえにこそ、《フィデリオ》も『ヴィルヘルム・テル』もともに、貴族も民衆もとわず、興奮する観衆や読者をみいだすことになったものと考えられる。

没落するナポレオン

ナポレオンへの反抗は、思いもかけずスペインから始まった。《フィデリオ》のスペインである。

スペインは、強国フランスの台頭に直面して、混乱をきわめていた。ブルボン王家内の紛争をみこして、ナポレオンは圧力をかけ、一八〇八年、強引に兄ジョゼフを国王に即位させようとする。これは、ナポレオンの予想をはるかにこえる抵抗をよびおこした。各地で反フランス蜂起が突発した。ナポレオンは、大軍をつれてスペインにむかう。一八〇八年五月、マドリードの民衆はフランス軍にたいして勇敢に戦ってやぶれた。ゴヤの作品「五月二日」と「五月三日」で知られる事件である。民衆の反乱は、これを機として全国にひろがった。正面からの戦闘ではなく、背後や側面からの挑戦。フランス軍の弱点をついて、いらだちを引きだす。小戦闘を意味することば「ゲリラ」は、この戦術からうまれたスペイン語である。

スペインでの思わぬ苦戦から、ナポレオンの没落がはじまる。各地でゲリラは戦果をおさめ、やがて一八一二年、首府マドリードは解放される。このイベリア戦争にあっては、いまひとつの外国が、フランスのまえに大きく立ちはだかった。イギリスである。

フランス革命の勃発以来、つねにフランスを牽制しつづけたイギリスであった。対フランス大同盟の後見役。すでに政治における改革をなかば達成し、あまつさえ産業革命の成功によってヨーロッパの内外において繁栄の道をあるいていたイギリスにとっては、フランスのような革命も、ナポレオンのような侵略も、無縁というよりは有害であった。ことごとにフランスへの干渉をこころみ、島国への波及をふせいだ。

苛立《いらだ》ったナポレオンは、一八〇六年、ベルリン入城のさいに、「大陸封鎖令」を発して、イギリスとヨーロッパ大陸の交易を禁じ、兵糧攻めをねらった。だが、海軍力において優勢をたもつイギリスは、ほしいままにフランス軍を翻弄する。地中海艦隊のネルソン提督やウエリントンは、その勇猛果敢さゆえに、国民的人気を博するほどであった。エジプト遠征以来のライバルであるイギリスは、ナポレオンにとっては、いつかは決着をつけるべき相手ではあったのだが。そのなかでイベリア戦争にあっても、イギリスは側面からスペインの抵抗をけしかけ、マドリード解放をもって支援する。

フランスにとって、もっとも遠方の帝国ロシアが、やっかいな標的となった。隣国ドイツの攻略に神経をつかいつづけるフランスは、いつもその背後にあって暗躍するロシアが気掛かりでならない。プロイセンの処分も、オーストリアの操作も、ロシアの意向をまったく無視しては実現しない。おまけに、仇敵イギリスとすら結び、大陸封鎖令を無視して、遠方より牽制する。いつかは懲らしめておかねばならない相手である。スペインで苦戦し、オーストリアからも反抗のニュースが伝わるといった不穏な情勢のなかで、ナポレオンはロシア遠征を決意した。一八一二年五月である。

ナポレオン政権の命取りとなったロシア遠征の経緯は、よく知られたとおりである。フランス軍は、東部ドイツからポーランドを横断し、国境のロシア軍を破竹の勢いでけちらした。モスクワ入城は九月。しかし、ロシア皇帝とその政府はモスクワを脱出して、東方にのがれた。広大なロシアである。東はほとんど果てがない。ナポレオンとの和解をすすめるものもあったが、果敢な抵抗説がまさった。プロイセン改革から追放されてロシア政府にむかえられていたシュタインが、主戦説の筆頭にいたとは、皮肉なものである。

モスクワには火が放たれた。焦土作戦という。入城したナポレオン軍は、灰燼となったロシア帝都にうつろな勝利の凱歌をむなしくするばかりであった。やがてくるロシアの厳寒。雪と飢えが、フランス兵をおそった。一〇月末から、ナポレオン軍の退却がはじまる。これを追撃するロシア兵。攻守は、すっかり所をかえた。西ロシアのベレジナ川の渡渉は悲惨の一語であった。浮き足だって先をあらそい故国をめざす兵士たちに、ロシア兵の容赦ない砲撃がおそった。ナポレオンは自兵をのこして、わずかな近衛兵とともに単独で帰還をめざした。パリにもどったとき、足元の政権すらあやうい状況であった。撤退した約一〇万の兵士のうち、無事に生還したものは、ほんの一〇〇〇人。文句なしの、完敗である。

ロシア遠征の失敗は、全ヨーロッパに反ナポレオン蜂起をうながした。イギリスからも、イタリアからも、スペインからも。そして、ドイツではこれまで対ナポレオン政策では差異も対立もあったあらゆるドイツ人が、こぞって反抗戦線につどった。一八一三年、まずプロイセンがロシアと連合して宣戦布告。すでに一八〇九年から抵抗をしめしてきたオーストリアも、同年、参戦を宣言。最後までフランスに未練をのこしたライン同盟も、ついにはドイツの大義に合流した。一〇月、ドイツ各地の同盟軍が結束して、天下分け目となる対フランス戦闘に突入した。ライプツィヒ諸国民戦争とよぶ。双方で一〇万人もの犠牲をだした戦闘は、大局としてフランス側の不利に転じ、ナポレオンはライン川をこえて退却していった。勝負はきまった。ドイツ軍を主体とする同盟軍がフランス領内に侵攻し、熱戦のすえにパリを陥落させるのは、一八一四年三月三一日のことであった。

パリは、その日ようやく春をむかえようとしていた。ヨーロッパの冬が終わったのか。それとも、二五年にわたる革命の時代に幕がおりたのか。いずれにせよ、大きなピリオドが打たれたことはたしかであった。

第七章　市民と英雄

会議は踊る

一八一四年三月三一日、対フランス同盟軍はパリをおとしいれた。このとき、皇帝ナポレオンは、まだ二万余の手兵を擁して、首都の東南方、フォンテンブローの居城で陣営をはっていた。逆転の攻勢を企図して、軍規をあらためる。けれども、歴戦の勇将といえども、戦意をうしないかけた軍勢に、反撃への意気をそそぎこむのは、容易なことではなかった。とりわけ将校たちの士気は、がたおちであった。

他方では、パリの元老院はナポレオンをいちはやく見捨て、翌四月一日には、もうべつの暫定政権を樹立させるほどである。元外務大臣のタレーランが、実質上の首相に指名された。かねてからナポレオンのライバルとの世評たかかったタレーランに、祖国の救済が委託された。かれは、とりあえずは、皇帝ナポレオンを廃位して、将兵たちに軍隊からの離脱をそそのかした。事態の動きは迅速であり、四月六日にはついにナポレオンは敗北をみとめ、撤退を決意した。同盟軍とのあいだの条件は、フランスからの退出と地中海の小島エルバへの移動であった。六〇〇人の側近将兵をまえに廃帝は、声涙くだる最終演説をのべ、かれら

エルバ島にむけてパリを発つナポレオン（フランス国立図書館、パリ）

ともに、フォンテンブローの表玄関から騎乗したちさった。

同盟軍とタレーラン政府との終戦交渉は、六月にはやくも結論をだした。パリ会談は、とりあえずはフランス国家の国境線の保全などをきめ、ナポレオン以後のヨーロッパ国際体制をいかに再建するかという困難な問題を先送りした。その難問は、いずれウィーンで再開される全ヨーロッパ国際会議で、根本から論じられるべきである。失意の皇帝をおくったあとには、ルイ一六世の弟であるルイ一八世が亡命先のロンドンから帰国して、国王に即位し、ブルボン王家が復活した。フランスにかぎっていえば、もとのもくあみである。

ウィーン会議は、夏をこして、一八一四年九月一八日から、ハプスブルク王家のウィーン王宮ではじまった。全ヨーロッパを席巻したナポレオン戦争の後始末だけあって、じつに二〇〇人におよぶ国家や領邦の代表がつどった。ほとんどが、王侯貴族たち。あまりの多数のゆえに、実質上の討議は、ごく少数者の舞台裏密議にまかされた。「会議は踊る、されど会議は進まず」と評されるとおりである。全体会議はいちども開かれなかったが、それにかかわる舞踏会は、毎夜、ウィーンの王宮をにぎわせた。

成否の鍵をにぎる人びとは、議長であるオーストリア外相メッテルニヒ。それにフランスの国益を一身にになうタレーラン。プロイセンからはハルデンベルク。イギリスからは、カースルレー外務大臣など。それになんとロシア帝国代表団には、皇帝アレクサンドル一世。この三七歳のやさ男は、ナポレオンへの勝利に自信をふかめ、ヨーロッパ政治を牛耳るものと自負して、ウィーン社交界の主役をかってでた。映画『会議は踊る』では、皇帝は市井の手袋屋の娘と恋におちることになっているが、むろんそんな奇抜なロマンスなど、ありえようもなかった。

ウィーン在住、四三歳になる作曲家ベートーヴェンが、この国際会議にいかほどの期待や関心をいだいたか、残念ながら知るよしもない。ただし身辺が、いかにも騒然としていたことはたしかであろう。宮廷の舞踏会とは、音楽家にとっては、絶好のビジネス・チャンスであるにしても、実際はこのウィーン・サミットは、それほどの経済効果をもたらしたわけではない。

会議参加者は、それぞれに国益の守護者であった。ナポレオンによって寸断され、攪乱された諸国は、すこしでも有利なかたちで旧態を復活させようとつとめた。政治の形態から領土や利権まで。そのため、裏舞台の会議すらも結論をだしかね、ますます舞踏会ばかりが盛りをきわめることになった。九月にはじまった会議は、年をこしてもいっこうに結論をみとおすにいたらない。

大団円にむけて

この無力を察知したナポレオンは、エルバ島から船出して、一八一五年三月、復活戦をいどむにいたった。将兵七〇〇人、復讐の念にもえる前皇帝軍は、地中海岸に上陸すると、ひたすらパリをめざした。ウィーン会議の無能をあなどるフランス国民は、また復帰したブルボン王朝が、旧弊をおしつけるのではないかとの恐れもいだいていた。そのために、ナポレオン再起の報は、民衆にも希望の灯火をともすものともなった。歓呼してナポレオンをむかえるフランス人。つい一年前には、冷淡に落魄の廃帝をみかぎった民衆は、こんどは救済の主としてパリへの道をおくった。軍隊も、再度の皇帝即位を支持し、ルイ一八世は逃亡した。ナポレオンは、またしてもテュイルリー宮殿の当主に復帰した。

あわてたのは、ウィーン会議の参加者である。ことに、イギリスや、フランスと境を接する国ぐには、対応をいそぐはめになった。主要国の代表は、ふたたび同盟軍を結成して、ナポレオン帝国への遠征を準備しはじめた。ナポレオンは期待をこえた支持の声に満足して、帝国憲法の改正もこころみ、体制をととのえた。再度、ヨーロッパを舞台とする決戦がやってくることになった。足元の不安をじゅうぶんに鎮められなかったとはいえ、天才戦略家は一二万をこえる兵士を引率して、戦場にむかった。

六月なかば、同盟軍は、ネーデルラントからフランス領をうかがい、広野での遭遇戦となった。その地は、現在のベルギー領、まずはシャルルロワでプロイセン軍と、ついでワーテルローでイギリス軍と、あいついで正面衝突となった。フランス軍にとって、前者はかろうじての勝利。しかし雨中の激戦となった後者は悲惨な敗退であった。戦勝のみが、ナポレオンの運命をささえるものとすれば、いまや再度の退位は不可避であった。六月二二日、同盟軍がパリ近郊にせめのぼるなか、皇帝は敗北をみとめて退位した。復帰からちょうど一〇〇日、世にいうところの「百日天下」であった。

ナポレオンは大西洋の孤島セント・ヘレナに配流となり、皇帝の時代はついに終幕をむかえた。幕尻になって、いささかの乱調があったとはいえ、革命と戦乱の二五年はここに、最終的にピリオドをうった。ウィーン会議の結論は、実地にうつされることになり、すべてはこともなかったように旧態に復するにいたったのである。

ウィーン会議は、ともかくも戦争の処理をはたした。フランスにたいしては巨大な賠償金の支払いをもとめ、国境線は一七九二年の原状にもどされた。

フランス革命によって混迷の極にいたったヨーロッパを、旧態にもどすことがなによりの原則である。けれども、いまや昔日を回復できない不幸も、数多くあった。たとえば、分割されたポーランドは、その分割を有効とみとめられ、ウィーン会議では招致さえされなかっ

「バランス政策」（ウィーン会議のカリカチュア、秤にかけられているのはザクセン）

た。さて、ドイツである。ここでも、回復すべき過去は、もう実体をともなっていない。解体された神聖ローマ帝国は、旧に復するすべもない。帝位をうしなったウィーンのハプスブルク家は、あらためてオーストリア帝国の名のもと、ハンガリアやバルカン半島の諸民族の盟主として、再出発をすすめられた。

　そして、のこりのドイツ諸邦はといえば、プロイセン王国をのぞいては、みな小国の連合体のなかに糾合されて、「ドイツ連邦」を形成する。たしかに、ただの復古ではなかった。とはいえ、こうした国境線のいくらかの変更をべつにして、二五年つづいた社会の流動は停止され、それどころか変化の結果もご破算になったかにみえる。フランスから亡命した貴族たちの多くは、はれて帰国して旧の領地にまいもどった。ドイツでは、ナポレオン戦争でうしなった面目は、ようやくにして回復され、ごく微小な領主にいたるまで、権威が再認可された。つまり、全体とすれば、穴ぼこだらけになったヨーロッパ社会の平地は、ていねいな復旧工事によって、修復されたのである。

これが、ウィーン会議の直後のヨーロッパ地勢図である。

「市民」の登場

二五年にわたる変動は、まったくの無為徒労におわったかにもみえる。旧来の権威の保守、それを正統主義とよぶが、これがヨーロッパの指導原理とみなされた。表面からみれば、たしかに正統はみごとに回復された。とはいえ、もっととおい深層にあっては、変化はついに逆転が不可能なところまで、達していたのである。いわゆる社会構造という点からみれば、すでに変化は不可逆であった。土地と農民の関係、領主と領民の関係、いずれもいまやかねての封建的システムは、稼働できないところにきていた。

大小の産業を起動させる市民たちは、フランスでもドイツでも、実力をたくわえ、土地支配の貴族たちとはことなった経済システムを獲得した。商人たちも、職人たちも、自前の経済力で社会での発言権を確保した。そして、国家をうごかす要人たちすら、もう由緒や家系によって地位を保障されるような時代ではなく、統治と経営における実力がなによりも重視されるにいたった。いま、これら変化の全容を総説するいとまはない。ただ、ひとこと、フランス革命がひきおこした変動を、とうとうやって来た、「市民」の登場とだけ集約しておくことにしよう。

「市民」が、ついに表の舞台に登場した。待ちにまったのである。ながらく待機状態にあった。フランスでも、ドイツでも、いやもうイギリスではすでに数十年にわたって舞台を提供されていたといえるかもしれないが。かれらは、生活の糧を封建社会の土地経済にもとめてはいない。大領地を保有するなど、夢の夢であった。もっとも、農地であれ、宅地であれ、ごくわずかな資産をもってはいたろう。だが、それも身分や家系を保障するほどの規模ではない。

「市民」は、なによりも都市にすんでいた。たんに、都市にすまいがあるというよりは、むしろ都市機能の担い手として、社会に参画していたというべきだろう。もっとも、ウィーンであれ、パリであれ、ロンドンであれ、都市には旧体制の貴族も聖職者もすまっており、重要な機能をはたしたのだから、市民とはごく広いカテゴリーを意味するといってもよい。ただし、その旧体制人すらも、都市らしい生活や行動の様式に接近し、同化することが必要となってきた。それは、これまで宮廷という場を生きてきた人びとにとって、あらたな経験となろう。宮廷から都市へと、空間の主導権は確実に移動してゆく。

むろん、まだ宮廷の空間は健在ではあった。ウィーン会議は、正統権威の復権のために、宮廷の社交場を過剰なまでに演出した。けれども、その参加者たちはといえば、いまでは都市民としての行動や情感をそなえ、都市の経済や文化によるささえをえて、宮廷を運営している。執事、料理人や楽師、護衛や御者たちも、もう封建貴族の臣下ではなく、都市にすむ奉公人となっている。宮廷は都市の空間になった。市民がいとなむ宮廷が花をひらこうとする。

宮廷の変容よりも、もっと顕著な局面がある。戦争と軍隊である。革命前夜まで、大陸で最強をほこったフランス軍は、絶対主義王権がやしなった強固な軍隊組織によっていとなまれていた。指揮権は身分上の義務と特権を根拠として貴族が専有し、一定の方式で徴募と訓練をほどこされた兵士が、国家の権威のもとで戦列にくわわった。このことは、程度の差こそあれ、ドイツ諸邦やロシア帝国にあっても、ほぼ同様であった。兵士の多くは、臣民の義務として参戦し、だが義務の限度をこえると感じた役務は、かたくなに拒絶することもしばしばであった。

フランス革命の兵士たちが、この兵役文化を一変させた。周辺国家からの軍事圧力をうけた国民は、祖国の防衛という政治スローガンを率直にうけいれ、革命軍として戦場にむかった。士気はさかんであり、うけつがれた戦略眼や兵器の卓越があれば、不利な戦局をいっきに逆転させたこともある。これこそ、「市民」軍とよんでよかろう。数的優位をもって圧力をかけたプロイセンほかのドイツ同盟軍が、一七九二年、ヴァルミの会戦でフランス革命軍に完敗したのも、市民軍の戦意とくらべた較差のゆえであった。もっとも、この市民軍は、政治スローガンへのあまりの心酔のために、ときとして暴走をも辞することなく、反革命とみなされる敵対者を、非情にも圧殺することにもなった。たとえば、西フランスでおきたヴアンデー反乱の抑圧は、数十万人の無辜《むこ》の犠牲者をうんだのである。

市民軍の台頭は、ドイツにおける「解放戦争」のありかたもかえた。ナポレオン軍をまえにして、プロイセンやオーストリア、それにおもな領邦では、旧来の軍隊組織をもってしては対抗しえないことが察知された。祖国の解放というスローガンは、有効に機能した。兵士の徴募と動員は、かねての困難をわすれさせるように円滑にすすみ、軍紀は良好に維持された。ここでも、市民が軍隊を構成したのである。むろん、指揮をとるのはいまだふるめかしい貴族将校であることがふつうだったが、市民たちは戦争の意義を納得して参加したはずである。

ことほどさように、市民たちの台頭は、一八世紀から一九世紀にまたがる変動の時代にあって、明白であった。「市民」をかりに「ブルジョワ」といいかえてみると、かならずしも、そうした社会的な地位や栄光にそぐわない面があろう。フランス革命やドイツの解放戦争を、やすらかに「市民の革命」とよんでいいわけではない。旧体制の貴族がすっかり放逐されたのでもないし、市民が政権をにぎって、ヨーロッパ世界の社会景観を一変させたといっては、いかにも言いすぎである。おまけに、ウィーン会議の結論は、ふたたび正統の権威を承認して、まるで二五年にわたる変動は、すっかりキャンセルされたかにすらみえるものだから。

市民軍の規律

いくらかの留保をつけたうえで、市民の登場といっておこう。そのうえで、登場の波及効果のことを考えたいというのが、ここでの意図である。市民が主役として前面にやってきたとき、社会や文化の情景はおおきく変化しはじめた。主題は、いまいちど戦争と軍隊である。

絶対主義国家の軍隊が、ひたすら権威による組織と戦闘体制を維持していたとすれば、市民たちの軍隊には、それなりの代替物が必要であった。フランス革命軍が、バスティーユを想起しつつ、「自由・平等・博愛」のトリコロール（三色旗）をはためかせ、また行軍を勇気づけようと軍歌を採用したのも、そのためである。軍旗も軍歌も、ここでの発明ではなく、伝統をさかのぼることはできるが、身分上の水平原理を前提とした軍隊組織では、共通のシンボル機能が不可欠であることが、察知された。「ラ・マルセイエーズ」が、革命軍の一兵士によって作曲され、たちどころに市民軍の行進歌となったのも、この必要にうながされてのことであった。しかも、その行進歌は、宮廷音楽の優雅さとはへだたって、軍靴の足取りをととのえる秩序よりは、「進め、進め（マルション・マルション）」という目標設定をうながす、鼓舞のリズムからなっている。

ベートーヴェンの作品には、周知のとおり、何曲かの軍隊行進曲がある。それらは、どちらかといえば、優雅で美麗な近衛兵の行進をおもわせもするが、隊列行進が儀礼上もまた戦闘にあっても、兵士にとっての規律となったことを表現していよう。《トルコ行進曲》という名のマーチは、ベートーヴェンにもまたモーツァルトにもみられるが、これらは当時にあって話題のオスマン帝国イェニチェリ師団の規律を、エキゾティシズムのなかで表現したものであった。

おなじく、ベートーヴェンの作品《ウェリントンの勝利》は、一八一三年の作曲であることからわかるとおり、ナポレオン軍にたいするイギリスの勝利をテーマとしている。ドイツ人としての戦争観をうかがわせるが、あわせてその曲中にあらわれるイギリス国歌のモティーフに注意しておこう。本来は、この国歌は宮廷における国王讃歌のひとつとして、平和裡に演奏されるのをつねとして、しだいにイギリス人に親しまれるようになってきたが、軍歌としての性格は希薄であった。しかし、ナポレオン戦争は、讃歌を軍歌にかえた。それは、行進歌としても、また国家軍隊の讃歌としても、シンボル効果を発揮し、兵士の士気をおおいに高揚させるにいたる。ベートーヴェンもまた、そのシンボル性をよく熟知して、ウェリントン将軍に託したのであった。

ウェリントン将軍は、貴族の子息として軍役にはいり、フランスの士官学校で兵学を学んで帰国した。はやくからフランス革命軍との対抗によって戦術家としての腕をあげた。イギリスがイベリア半島において反ナポレオン戦略を発動するにさいして、これの指揮官となった。一八〇九年、半島戦争が激化するとき、艦隊を南スペインに派遣してフランス軍を攻撃し、かのネルソン提督以来の奮闘をうけついだ。

イベリア半島での善戦は、全ヨーロッパにたいして驚きをもたらした。ナポレオンの不敗神話がゆらいだからである。ロシア遠征の失敗がフランス軍のつまずきをさそったのち、ウェリントン将軍はスペイン各地でのゲリラ戦を支援、ついで南フランスへの侵入をこころみて、ナポレオンの敗戦を決定づけた。この戦略的卓抜は、イギリス国民に強烈な印象をもたらした。ベートーヴェンが、その勝利をことほいで作品を贈ったのも、当然のことであろう。ウェリントンを救国の英雄とみなし、賛辞をおしみなくそそいだ。ウィーン会議にあっては、ウェリントンは外相カースルレーとともに全権代表として、舞台まわしを演ずる。

ウェリントン将軍（T．ローレンス作、油彩画、アプスリー・ハウス、ロンドン）

ナポレオンの百日天下に決着をつけたのも、ウェリントン将軍であった。ベルギー平原のワーテルローでナポレオン軍をむかえうち、速戦即決をもって勝利をもぎとった。軍事上の天才ということばは、しばしばライバルであるナポレオンにあてられるものだが、ウェリントンには英語版の天才がふさわしい。

戦場の英雄像

ウェリントンとナポレオン。このふたりは、奇しくもおなじ一七六九年うまれ、おない歳である。出自はいくらかちがうが、経験といい、資質といい、たいへん似かよっている。ウェリントンが、ナポレオン戦争中の一時期、インド植民地での軍役にあったのも、ナポレオンのエジプト遠征と通じるところがあろう。

だが、それ以上に、ふたりは戦争の市民化における、軍事英雄としての共通性によってあいならんでいる。いずれの国にあっても、国軍には軍事の才能によって優越する人物はいた。絶対主義国家は、強国への道をさぐるべく、軍才をもとめた。だが、かれらがいかに秀逸の戦略家であっても、忠実な臣民であることを条件とし、個人としての英才が話題となることはまれである。あるいは、みずから前線にあって兵士を叱咤激励するといった人間的個性が、戦略家に期待されるわけでもない。陣頭指揮は、それなりの貴族出身将校にまかされる。

ところが、戦争が市民のことと理解されるようになったいま、将軍もまた市民の第一人者として、戦場に出陣する。ナポレオンは、果断な戦術によって意想外な勝利をはたすかたわら、不本意な戦闘にあっても、つねに大軍のただなかにあって、馬上から戦局を把握し、ときにはみずから抜剣しかねないほどであった。市民の戦争は、このような軍事の天才、いやできることならば英雄を必要とした。

英雄は、きわだった戦果をあげたものへの呼称である。だが、それだけでは、はなはだ不足だ。ごくふつうの市民としての肉体と感性をもち、だがそのふつうさを特異なやりかたで再編成して、超人的な技能や成果をおさめる。そこには、英雄という独特のスタイルが編みだされる。ナポレオンという人物は、その英雄力学をきわめてよく熟知したことで知られる。惜しみない祖国への献身、並の能力をこえた実務処理、えらばれる言葉のイメージ喚起力。それらは、実地でナポレオンを目撃するものからの伝聞によって、さらに増幅されて公知される。

「ナポレオン伝説」といったものが、はやくも誕生する。極端に短時間の睡眠（たった三時間しか寝なかった）、目標への確固たる自信（「余の辞書には、不可能という語はない」）。短軀にして、いらだつことも多かった一軍人は、こうして英雄に昇華した。詩人ゲーテは、かねてからナポレオンという人物のうちに、偉大な個性を見ぬいていたというが、一八〇八年一〇月にワイマールで皇帝に拝謁したとき、その感はいっそう強まったようだ。

ナポレオンはゲーテと会見し、「あれこそが人間だ」と述懐したとつたえる。この「人間」という語は、まさしく普遍性をおびた個性という意味であろうか。この評価はだが、ゲーテからナポレオンにむけても投げかけられよう。ナポレオンは、神話上の形姿ではなく、また帝位や軍師といった地位においてではなく、「人間」というカテゴリーにおいてとらえられる個性と理解される。超越した能力をえて、しかしなお人間としての吸引力をふりまくものの、英雄とはそうした像として、うけいれられる。ただの偶像というべきか。そうではあるまい。市民による戦争の時代は、市民が受容できる英雄によってうごかされる必要があった。英雄は、待望されていたのである。ベートーヴェンの第三交響曲《エロイカ》は、そうした時代にむけて発信されたのである。

ファウスト、いまひとりの英雄

英雄は、なにも戦争と軍隊だけがうみおとすわけではない。市民たちは、さまざまな領域に英雄の登場をうながすだろう。よろこばしい応答がくることは、まれであったにしても。だが、この事情をよくのみこんだ芸術家たちは、「エロイカ」讃歌を創造すべく、あらたな道を模索するようになる。

ふたたびゲーテの力をかりよう。ゲーテは、すでに一七七〇年代から、ひとつの困難なモティーフをあたためてきた。ドイツの中近世に実在し、さまざまな伝説をとおして継承されてきた人物像。つまりファウストである。悪魔メフィストフェレスと契り、人知の極みをも達成しようとする秀逸の博士ファウスト。その第一草稿は、一七七五年にはできあがった。だが、ファウスト博士のどこに、文学の想像力を託するのか。ゲーテは迷いつづけ、結論をえぬまま世紀をこえた。そのうちに、『ウェルテル』の若いゲーテは、壮年をこえて初老のゲーテとなり、ようやく最終稿に筆をそめはじめたのは、一九世紀のはじめのことである。

『ファウスト第一部』は、韻文をもって一八〇六年に完稿した。ちなみに第二部が完結するのは、まだはるか先の一八三一年、最晩年をまたねばならぬ。伝説のファウスト博士は、そこでは人間のありようについて、激しく苦悩する知性としてえがかれる。悪魔との契約は、たんなるスキャンダルとしてでも、悪意や奸計としてでもなく、自我をもやす人間性の、より深遠な淵へのたゆみない探索の冒険として、理解される。陰謀や背信は、より遠いものへの渇望とおなじ平面において、自我の表明である。

詩人ゲーテは、ファウストのなかに、たんなる無鉄砲で短慮の学者をみようとはしない。それでは、はたされぬ恋になやむウェルテルとおなじ果てにおちるだろう。だからといって、人類の運命を平静にうけいれ、あゆむべき道を穏当かつ賢明にさししめす賢者として表現したのでは、これまた詩人の魂を窒息させるだけのこと。そのきわどいはざまを、ゲーテはひとり彷徨したのち、あのナポレオン戦争で混迷するドイツにあって、決意の選択をこころみたのであった。分裂する人間性の実情をそのままに引きうけて、苦悩のうちに深淵をたずねる冒険者。ファウスト像は、こうして彫塑される。

中年をすぎたゲーテは、さすがに人生への経験をさとし、落ちつきをほこる賢者としての世評がまさっていた。だれも異論をさしはさみえぬ賢者。ドイツ啓蒙主義のもっとも偉大な成果のひとつとして、ゲーテは敬意をもって仰ぎみられた。だが、当の詩人はそれにいらだっていたようである。啓蒙の賢人は、一八世紀の結論だ。しかし、革命によって提起される一九世紀の理想は、賢者の領域をこえ、なにものか遠方へのまなざしを要請しているのではないか。

ファウストは、沈着な賢者であることをやめる。あえて悪との連帯をも大胆に受けいれたうえで、人間性の地平線にまで歩みをすすめる冒険者となる。そこには、冷徹な詩人がぎりぎりの決断のすえに選びとった英雄の姿がうかびあがる。ファウストは、全人類の運命をになって、未知の領地にふみこみ、嬉々として苦悩と犠牲を受忍する英雄であった。ただし、ファウストは、さしあたりは日常的な衣装をまとったひとりのドイツ人にすぎない。特権や巨富をもたず、ただ知識と感性のみによって人間の能力の限界をためす、ひとりの孤高の冒険者である。

自由や平等、あるいは理性の解放と実現を標的とした、あの革命の時代に、ゲーテはそれとはことなった言語によってではあるが、人間性の拡張をうたいあげた。ファウストという英雄像をもってである。戦場での勝利にくらべて、いかにも分かりづらい英雄実録であったが、読者たちはそのメカニズムをよく理解した。ことによると、皇帝ナポレオンに拝謁したゲーテは、ファウスト像をそこに投影し、差異と同質をたしかめるつもりだったのかもしれない。

理想への冒険者

じつは、『ファウスト』における冒険的探索は、ほかのさまざまな事象とならんで、文芸上におけるロマン主義の開始の標識とされる。一八世紀には啓蒙主義の名ですすめられた文学表現の革新は、世紀とともにあらたなエネルギーを獲得する。理性によって適切に整頓された世界と人間にたいして、秩序をこえた感性と行動の価値を称揚しようとする立場だと説明される。いまさしあたり、ロマン主義への移行という命題を留保するとして、たしかに啓蒙から飛躍する冒険者への信頼が、みなぎりはじめたようである。

人類、あるいは人間という抽象化されえた価値が、精神をゆりうごかし、ただひとり、もしくは陣頭にたって、理想の実現にむけて燃えたつ人びと。おもえば、ナポレオンすらも、実像はともあれ、時代からはそのように理解され、尊崇されもしたのである。しばらくのちに、ヨーロッパの芸術は、そうした英雄、もしくは疑似英雄を、ひっきりなしに産みだす。詩人バイロンにあっても、画家ドラクロワにあっても、そのモティーフは個人の事情をこえて永続する理想にむけて邁進する、「冒険的個人」の発見であった。

一八二四年、第九シンフォニーをひきいる思想として、あえて詩人シラーによる一節をえらんだベートーヴェンは、生涯の頂点をかざるにふさわしい主題をかかげる。むろん、「歓喜に寄す」である。「歓喜」の理想のもとに、すべての人類が兄弟になるという壮大な主題は、英雄の時代を背景に解釈されないかぎり、ただの大言壮語に映る。《エロイカ》にあっては英雄的行為にむけられた観念は、ここではまさしく、人類に共通のはるかなる理想に等置され、聴衆にたいしてすべての市民が「英雄」としてふるまうことの合意をもとめたのであった。それは、《エロイカ》の作曲家が、この時代にたいして送った最大にして、最良のメッセージだったのではなかろうか。

第八章　古典主義からロマン主義へ

ロココからの出立

ベートーヴェンがまだ青年だった一七九〇年のころから、中年のさかりとなる一八一五年ころまで、ヨーロッパはまれにみる変動期にあった。フランス革命がおよぼした大波紋が、各国に衝撃をあたえ、それぞれに社会の模様替えをこころみさせた。いったんは、その波紋は終息したかにみえたが、実際には変化は不可逆であった。ヨーロッパの社会は姿をかえてしまったのである。

変動は、社会という硬質の局面においてばかりではなかった。思想とか、芸術とかいった軟性の側面においても、急激な変化がおこった。ベートーヴェンはその渦中に生きていたが、むろんほかの作曲家にとっても、また思想家にとっても事情はおなじこと。一八世紀から一九世紀へと移行する世界にあって、その「世紀の転換」とはいったいなにごとであったのか。この問いは、それからちょうど二〇〇年あとに生きるわれわれにとっても、とても他人事とは思えないところがある。

ごく正統風に整理していえば、この転換とは古典主義からロマン主義への移行と説明され

「ぶらんこ」（フラゴナール作、油彩画、1766年頃、ウォーレス・コレクション、ロンドン）

る。「主義」をふたつながら並列して、一方から他方への移行とかたづけるのは、いかにもドグマ優先にきこえて、反発をさそいやすいが、とりあえずは穏当な域にある。その趣旨はつぎのとおりである。

一八世紀ヨーロッパにあって、芸術思潮をリードしてきたのは、ロココとよばれる様式である。ロココは、宮廷における儀礼や装飾を舞台として、優雅で官能的な表現のファッションを創造した。宮廷文化を代表するフランスのルイ王朝にあって、まるで夢みるような雅が実現した。それは、ワトーやフラゴナールといったロココ画家たちの画面に、もっとも軽やかにえがかれている。ゆるやかな曲線、淡い色調、控えめだが洗練され成熟した会話、どれも人間性の至福をとことんまで完成してしまったような。

だが、このロココはさすがに退屈をさそったかのようだ。あまりに甘美な砂糖菓子は、舌の感覚を麻痺させかねないから。激烈な革命が宮廷に打撃をあたえると同時に、ロココ様式は支持者をうしなっていった。とはいえ、革命の民衆がただちに芸術や思想の野原を蹂躪するというわけではない。官能のロココの退場は、かえって真摯な秩序への回帰をうながした。それが、現実である。とりわけ、ナポレオン登位ののち、宮廷での思潮は雪崩をうって清冽で理知的な秩序感覚にかたむいていった。これが、「新古典主義」とよばれる様式である。

新古典主義の制圧

古典主義とは、もともとは古代のギリシアやローマにおける思考や表現の様式を規範とかんがえ、それの再現をめざす芸術の志向である。すでにルネサンス時代に、傑出した芸術家たちが、これに挑戦して大成功をおさめていた。けれども、ルネサンスが頂上をきわめたのち、古典主義はその活力をうしなってしまい、バロックやロココの様式によって埋没をしいられてきた。一八世紀の古典主義者たちはこれを遺憾とし、あらたな古典主義の回復をめざした。そこで、「新」古典主義という。一八世紀前半には、おもに建築家たちがギリシアやローマの建造物を再発見し、これの理想にそった創作にはげんだ。たとえばイギリスでは、ジョージ一世、二世の時代に、きそって古代神殿のような邸宅や公共建築物を設計した。おりしも発掘されたポンペイなどの遺跡からヒントをえて、偉大な様式の再現をめざしたのである。「グリーク・リヴァイヴァル」（ギリシアの復興）が、合言葉となった。

革命を収束させたナポレオンが、この新古典主義を採用したのは、なにかの偶然かもしれない。だが、ロココ文化の爛熟に限界をみぬいていた皇帝も将軍も、その「主義」にとろけた。それは、じつに秩序だって説得力ある主張だった。かれらがヨーロッパ全土に厳命をくだすことができるために有用で、普遍性をもつ背骨を準備してくれていた。個別の国家や民族ではなく、ただ「人類」の理性や思想だけを、自信をもって語ることを推奨した。ナポレオンの政権は、フランスのものであって、しかもフランスのものばかりではなかった。

ナポレオン治下の新古典主義のなかで、もっともよく知られるのは、御用画家ダヴィッドの作品である。パトロンである皇帝をモデルとした多数の肖像画がのこされているが、いずれも帝政がそなえる峻厳な権威が、ひややかに描写される。ナポレオンは、みずからをアレクサンダー大王か、あるいはことにカエサル（シーザー）になぞらえ、秩序の維持者としての栄光を画面に投影させたのである。古代と現代とを通絡させる英雄の姿に、皇帝と画家とはともに酔ったことであろう。

すでに、ナポレオン時代に先立って、こうした表現作法をギリシアの美学になぞらえて弁証する思想も、声をあげていた。北ドイツ人ヴィンケルマンは、ローマへの旅にあって古典芸術の粋にであい、それを理論のことばで説明できるのではないかと試みた。ローマに定着したヴィンケルマンは、古代のアポロン像に理想をもとめて、それのよってきたるところを宣揚する。これこそ、新古典主義理論の指導書となる。いまや、ロココの軽薄さは侮蔑の対象とされ、偉大さの表徴こそが芸術の目標とみなされる。

時代は、おおきく変容しつつあった。しかも、ドイツにあっては、古典主義と連合する有力な味方があった。一八世紀ドイツを席巻したあの啓蒙主義は、それに歓迎の意をあらわした。ほんとうはもっと土臭い勤勉をめざしたはずの「啓蒙」であったが、ヴィンケルマンの理想に陶酔したうえは、理性のことばをもって、古代とも連携できるものと確信したのである。古典と啓蒙、このふたつの立場は、相違よりは類似につどい、ドイツばかりかヨーロッパ諸邦において、さかんに理性の発語をふりまいた。ちなみに、『イタリア紀行』におもむくゲーテは、ヴィンケルマンへの満腔の共感をしめした。また世紀がかわって一九世紀、フランスの作家スタンダールも、新古典主義理論に深入りして、ヴィンケルマンの生地の町名（シュテンダール）を、フランス語読みして自分のペンネームとしたほどである。

ロマン主義の登場

だが、時代がすみやかに変動するのも、やみがたい特徴であった。ナポレオンの没落はたちどころに、新古典主義の終焉を告げることになる。後ろ楯をなくした「主義」は、時代によって見捨てられ、またたくまに別の「主義」によってとって替わられる。ここに登場したのは、「ロマン主義」といわれる、いまひとつの動向であった。古典主義のもとめるいずまいのよい安定感覚をおしのけ、むしろせわしない苛立ちや喧騒を代弁するかのように出現した新世代。ロマン主義は、もともとそうした不安や不満、やるせない激情や切迫を共有項としていた。

もっとも、のちの時代はこの「主義」について、まるで共同戦線を組みあげたような誤解をたくましくしたために、ロマン主義者のパスポートを厳密に認定しようとした。理性にたいするに感性、権威にたいするに反抗、普遍にたいするに個性。まだいくらでも、この種の対比ができるが、いずれにせよ、古典主義にたいする対抗条件をかぞえあげて、無数の連帯項目をうたいあげた。ときあたかも、革命政治の時代がすぎさり、かえって正統への回帰があらわなときに、芸術家こそが自由な翼をはばたかせうると喧伝したのである。

ロマン主義とは、もとは中世の散文物語であるロマンスがもつ抒情性を拡大解釈したきらいがあり、なにも特定の理論や思想をさしてはいなかった。むしろ、その輪郭のルーズさのゆえにこそ、かえって連想による参画をうながしたという面がつよい。その初発がいかであれ、ロマン主義は、一八二〇年代までにはヨーロッパを代表する芸術思潮になりあがった。古典主義の堅苦しさにうんざりとしてきた創造家や批評家たちが、いっせいに自由の声をはりあげたのであろうか。それとも、革命によって刺激され、しかしそれ相当には遇されなかった芸術家が、さらに革命の進行をこいねがったからであろうか。いずれにせよ、ロマン主義は人びとが合意する共通の符号となった。

古典主義とロマン主義。このふたつを、公平に対比するのは容易ではあるまい。はたして、当時の人びとが証言するほどに、たがいに排他的で憎しみあっていたのかどうかも自明ではない。まして、こうした対比にあっては、おおくの場合、後からきたものが先行者を排撃するために作為した図式にしたがうことがしばしばだ。今回も、その恐れなきにしもあらずと、まずは警戒したうえで、なお分かりやすく整理するならば、こんな対抗図がえがけるであろう。

ふたつの主義、ふたつの原理

古典主義、もしくは正確には新古典主義は、なににもまして理性の立場を称揚する。その理性とは、まずあいまいさを排撃し、曇りない明澄さをもって世界を理解し表現する。理性をもって認識できない対象はありえないのであるから、かりに一隅であっても、混濁した領域がのこっていてはこまる。この明澄性が第一。

ついで、その理性は言語や国家、信仰や習俗のちがいにもかかわらず、共通である。理性を曇らせようとする撹乱要素は、きわめて多様だが、これをくつがえす理性のほうは時と場をえらばず普遍である。人類に共通の属性として、もともとは生得的にそなわっているはずだ。この普遍性が第二。そして第三には、理性は秩序をささえねばならない。個人の好みに属することがらではなく、社会や集団を構成するすべての人びとにたいして、遵守を要請する。権威をもって鎮座するものには、すべからく理性の立場がもとめられ、理性からする従順な服属が必須となる。この秩序性が、古典主義の特質であった。

　このように古典主義を整理するとき、ロマン主義がそのどこに抵抗をしめしたかが、鮮明になってくる。明澄性にたいしては、理性がおおいうる領域の限定がもとめられる。人生や社会には、截然と切りわけることができない「曇った」部分がある。夢や幻想、恋慕や憎悪、神秘や直観など、輪郭を明確にさだめがたい領域だ。のちの論者であれば、意識にたいする無意識とでも表現するであろうか。ごく圧縮して、幻想性と神秘性とでもよんでおく。ロマン主義は、古典主義によって足蹴にされたこれら非明澄な部分に、きわだった価値をみとめようとする。

　普遍性にたいしては、個別的で一回的な自我が対応される。どこでも均等に通用する理性は、ロマン主義にとっては退屈のきわみである。それは、自我のことがらではない。わがことではなく、たんに人ごとにすぎない。ひとが、いかなる民族や国家、集団や団体に所属するかが、認識や表現の前提である。ことによると、いかなる所属をももたぬたんなる一個人に依拠する場合もふくめて。他者との差異にこそ、自我の出発点があり、これをいかに強調しうるかが、ロマン主義の成否をきめるだろう。個別性と一回性、ここに第二の原理がみとめられる。

　第三は、古典主義における秩序性に対応する。ロマン主義は、権威にたいする嫌悪や反抗から出発した。当面する権威や権力はさまざまであったが、ロマン主義はその背後に秩序の名をかりた虚偽の理性をかぎとった。秩序からの自由をひたすらに唱導するところに、思想や芸術の本来の役割をみいだそうとする。自由は、限定のない絶対的な原理であり、これに制約をくわえるすべての既成秩序をくつがえそうとする。反抗と自由、ここにロマン主義が成立する前提がある。

古典主義における明澄性・普遍性・秩序性。ロマン主義における幻想と神秘、個別と一回、反抗と自由。両者は、このように両極端にあって相互にあいいれることができない。とりわけ、おくれてきたロマン主義は、こうした対抗戦略をあみだして、時代の転換をみずからのイニシアティヴで専有しようとした。以上が、さしあたりの解釈である。この整理は、あまりに簡明にすぎ、両者のあいだの微妙な関係をじゅうぶんに汲みとりえないと、批判をうけることもあろう。そのとおり、対照性をごく誇張したために、現実をゆがめて図式におさめてしまっている。そのことは、承知のうえである。

ただし、すくなくとも一九世紀の初頭にあって、古典主義からロマン主義への移行が広くとりざたされたとき、人びとの頭のなかには、かなり鮮明にこうした対抗軸がやどっていた。そのあいだのニュアンスはいくえにもあったであろうが、大局としては、こうした規定を念頭においた古典主義とロマン主義の並立や移行が、現実の基底ふかく実現していたといってもよかろう。

バイロンの冒険性、ドラクロワの事件性

課題はといえば、このように規定されるロマン主義が、いったいどのように、各地であるいは各領域でふみおこなわれたかという点にある。残念ながら、ここはそれを十全に解説する場所ではないし、またそのための準備もととのってはいない。さしあたり、問題をごくしぼって、ベートーヴェンの身辺にかかわる地点に眼をすえ、ロマン主義が成立する条件と様相をかいまみておくことにしたい。というのも、いうまでもなく、ベートーヴェンの音楽人生については、古典主義からロマン主義への転換という、ヨーロッパ的大状況とのかかわりが、つねに議論の対象とされ、見解の対立をもまねいているからである。

ロマン主義を代表するとは断言できないまでも、つぎの三つの事例は、それを理解するために好適な手がかりではある。第一には、詩人バイロンである。ナポレオンに脅える時代のイギリスで、その偏狭な権威主義にいたたまれず、祖国を去ってヨーロッパを遍歴する。そこで見聞したのは、いずれの社会にも遍在する奇妙なまでの陋習と、そこであえぐ自由な精神とであった。バイロンは、単身をもってこの陋習にあらがい、不条理を告発する。『チャイルド・ハロルドの遍歴』となって世にでた巡歴記録は、たちどころに人気を独占した。全四巻が完結する一八一八年までには、バイロンは冒険と反抗のチャンピオンとして、自由を標榜する読者にうけいれられる。偽善にたいする正義、虚偽への風刺、窒息をこばむ冒険、

どれも読者の想像力に火をつけた。これこそ、ロマン主義の共通題目として、あまねく承認されるものであった。

不自由な脚をひきずって、ギリシア独立戦争に身を投じ、かの地で戦病死をとげるといった無鉄砲な行動もまた、文学の価値に冠をあたえるものとなった。文学によってばかりか、ひとの行動と人生をもおなじ原理をもっていとなむのも、ロマン主義の合言葉であったから。バイロンの作品と行動はまるで、ベートーヴェンの残り香をやどす「英雄（エロイカ）」の表出のようだ。冒険や巨人とはこうした英雄ロマン主義にとって、もっとも特徴的な属性である。

ジョージ・ゴードン・バイロン（T．フィリップス作、油彩画、ナショナル・ポートレート・ギャラリー、ロンドン）

第二の事例は、画家ドラクロワである。ここにも、おなじく英雄ロマン主義の反映がみられる。ドラクロワは、ナポレオン時代の古典主義画法のもとで修業をはじめた。しかし、やがてその気性のはげしさを投射すべき題材を、姿勢も正しい静謐の世界にではなく、もっぱらキャンバスのむこうを縦断する対象の激動性に模索するようになる。均整をもって永遠に保存されるかのようなモデル

「キオス島の虐殺」（ドラクロワ作、油彩画、1823–24年、ルーヴル美術館）

に飽きあきしたドラクロワは、神話世界にのみ絵画表現をゆるす古典絵画から、現実のなかにゆらめく劇的起伏に関心を移動させていった。

　一八二四年、「キオス島の虐殺」を発表してスキャンダルをまきおこす。この作品は、バイロンも参戦したギリシア独立戦争の一コマを素材としたが、トルコ軍によって殺害されるギリシア民衆が、あまりに非神話的で、悲惨にみちあふれすぎていたからである。しかし、ドラクロワは残虐を主題にするという、わざとらしいセンセーショナリズムをねらったのではない。キオスにおいて実在した虐殺を、その事件性に即して再現した。つまり、永遠の相のもとにではなく、一瞬の運動をもって人びとの感受性を切り裂く一回性の厳粛さに、絵画の生命をゆだねたのであった。それは、古典主義がもっとも嫌悪する瑣末な断片にすぎないのであったが。

「キオス島の虐殺」から、一八三一年の「民衆を導く自由の女神」まで、ドラクロワは時代の中核をうごめく事件に内在して、これの絵画表現をめざした。ここにもまた、英雄ロマン主義の適切な表現を指摘することができるものと思われる。

ロマン派音楽の幻想性

第三の事例は、音楽にもとめたい。ベートーヴェンとおなじドイツの世界にあって、もっとも新奇な作風をうみだしたのは、カール・マリア・フォン・ヴェーバーであった。ヴェーバーは、ナポレオンによる大変動をくぐるドイツにあって、作曲の修業をつんだ。国家政治が再編成を余儀なくされる一九世紀の初頭に、かれは音楽におけるドイツの道を真剣に追求せざるをえない。プラハ、ついではドレスデンの歌劇場指揮者となるヴェーバーにとって、その課題はほとんど国民的ひろがりをもつものであった。ナポレオン没落後の一八二一年、不朽の名作となる《魔弾の射手》を初演。これこそ、ドイツにおけるロマン主義の金字塔であると評価され、継承されつづけた。

《魔弾の射手》は、古典主義時代のイタリア風宮廷オペラとはうってかわって、快活な恋愛遊戯も嫉妬や復讐などの人間的絡みも、ほとんど現れない。からりと晴れわたったオペラ技法を否認し、もっぱらドイツ国民の世界観を劇場にもちこむ。悪魔とちぎる射手、援助をさしだす森の隠者、罪のゆるしのあとに実現する結婚。森の陰鬱さと幻影のむこうに、人間存在の底暗さと救済のほの明るさが予示される。

ヴェーバーのオペラには、古典主義が旨とした理性的な割り切りや喜悦はない。むしろはるかに混濁したドイツ人の伝承世界が、ずっしりとした重みをもって表現される。ひとは、その幻想のうちに、理性とはことなった情感のはたらきを直観したのである。ドイツ・ロマン派音楽は、ヴェーバーとともに自国の精神発揚の場を発見したことになる。

以上、三つの事例のみにかぎって、ロマン主義芸術の成立を証言した。いかにも意図まるだしの挙例であるが、その芸術は文学・絵画・音楽のいずれにあっても、それぞれのロジックにしたがって、ひとしくロマン主義がなりたつことが、了解されよう。古典主義にあっては、ごくふつうに解釈しても音楽における理性や啓蒙の立場を析出するのは困難であるが、ロマン主義は音楽をも、いや音楽こそ、芸術表現様式の中軸におかるべきものとみなした。

ロマン主義文学の表出としての、バイロンの冒険や反抗。ロマン主義絵画の表出としての、ドラクロワの事件性。その音楽表出としてのヴェーバーの幻想性。こうして、一八一〇年代末までには、ロマン主義が標榜する原理、古典主義からみずからを分離する原理が、実作のなかで明瞭に形象化されるにいたった。時代は確実にロマン主義への移行を完結させたのである。

ウィーンはロマン主義の故郷か

一八世紀から一九世紀へ。そして、古典主義からロマン主義へ。これほどに、截然としてしかも不可逆の転換はほかにない。ナポレオンの没落を最後の期限として、ヨーロッパ世界はその様相を一変させてしまったようだ。

けれども、古典主義とロマン主義の関連だけにかぎってみても、じつはそれほど画然と事態が割りきれるかどうか、ただちに疑問が呈示されえよう。そもそもベートーヴェンが活動していたウィーンの町にしてから、事情ははるかに複雑だったのである。ハプスブルク宮廷にあっては、かえってしかつめらしい古典主義が強化されるという側面もある。ところが逆に、まるで古典楽派の筆頭であり、宮廷音楽にどっぷりつかっていたはずのモーツァルトについても、これをロマン派の先駆者とみなすものもいる。《魔笛》にこめられた劇的な幻想性は、《魔弾の射手》を思わせるところがあろう。楽理的にみても、和音や旋律の自由な作法は、最盛期のロマン派につうじてもいる。

モーツァルトから、ベートーヴェンをへて、さらにシューベルトへと、ウィーンはもとからロマン派音楽の故郷だったのであろうか。しかも、その間のナポレオン時代には、ウィーンの歌劇場ではさかんに歌謡・歌曲をくみこんで、抒情性ゆたかなオペラが上演されていた。ジングシュピールとよばれるウィーン産オペラは、イタリア歌劇とはことなった新規の路線をうみだした。これこそロマン派音楽の先駆だとみなすこともできる。ナポレオン以後になって、いっせいに開花したロマン主義という説明は、ここウィーンに関するかぎり誤りであろう。こういう議論も、じゅうぶんに頭にいれておきたい。

さらに、われらがベートーヴェンである。周知のとおり、ロマン派の絶頂期にあって、音楽家たちは、こぞってベートーヴェンをロマン派の設立者にまつりあげた。後半生のベートーヴェンのなかに、ロマン派が依拠するあらゆるインスピレーションが完備しているとの臆断である。この理解は、たぶんまったくの誤解ではない。「ロマン派ベートーヴェン」の像がながらく受けいれられたのも、見当はずれではあるまい。さきにみたとおり、バイロンやドラクロワがめざす英雄ロマン主義の断片は、ベートーヴェンのなかに実在するのであるから。ただし、いまではもうすこし冷静にベートーヴェンを把握しよう。かれにあっては、古典主義とかロマン主義とかいった「主義」の問題意識は、ごく希薄だったはずである。それらのいずれでもあり、またいずれでもないような巨人。ベートーヴェンはそんな人格として描かれる必要があるように思われる。

機械仕掛けのベートーヴェン

さて、こうして古典主義とロマン主義というもっともやっかいな主題にいちおうの決着をつけた。ベートーヴェンの周辺はすっかりと整理され、整頓された。しかしながら、もっと重大な主題がのこっていることに、われわれはながらく不覚にも鈍感であったようにみえる。それは、芸術表現のためのメカニズム技術という問題である。

もっとも端的に解説できるところから、みてみよう。一八一三年一二月八日、ウィーン大学講堂での出来事である。ベートーヴェンの交響曲第七番が公開初演された。あの「舞踏の聖化」と評される第七シンフォニーは、このとき世にでた。ナポレオンが、ライプツィヒ諸国民戦争に完敗し、ドイツの解放が明白になった直後、悦びにあふれた音楽会では、第七シンフォニーのほかに、軍隊行進を思わせる楽曲がふたつ演奏された。これは、じつに珍妙な演奏であった。トランペット奏者が、人間ではなく人形だったのである。機械が楽器をかなでる世界最初の演奏会。「舞踏の聖化」と「機械演奏」という、まったくに奇妙なとりあわせは、だがけっしてベートーヴェンにとって意外の事態ではなく、むしろかれ自身が企画に参加して実現したものであるらしい。

ひとつの事件である。この事件に、重大な意味を読みとろうとこころみたのは、渡辺裕『音楽機械劇場』（新書館）である。ここの議論は、その著作を敷衍しているにすぎない。

さて、トランペット吹きの人形を製作したのは、ベートーヴェンの友人ヨハン・ネーポムク・メルツェルである。かれは、弟のレオンハルトとともに一七九二年にウィーンにでて、ほとんどベートーヴェンとおなじ音楽修業につとめた。ただし、兄弟はもっぱら楽器技術者として、楽器の改良や製作に才能を発揮することになった。一八〇〇年に、ふたりが開発した「自動オーケストラ《パンハルモニコン》」とは、こういう機械だったという。シリンダーの回転にあわせて、トランペット、フルートなどの音色をだす装置や、シンバル、大太鼓などが作動する。すでに知られていたオルゴールの原理をさらに複雑にしたのであろう。ひとつひとつの楽器の音色が、じゅうぶんに分離して識別できるところから、さぞかしもてはやされたにちがいない。一個の機械のなかに、いく人ものオーケストラ奏者が同居して、ハンドルの回転とともに、演奏をはじめる。これは、場景を想像するだに楽しく、また当惑もさせられる事態である。

メルツェル兄弟。それこそ、メルツェルのメトロノームによって広く知られる楽器技術者である。左右に揺れうごく針によって、楽曲の速度を正確に調整できる機械。アンダンテもアダージョもアレグロもヴィヴァーチェも、みな一分間の針の往復回数によって定義できることを、証明した機械。その発明者であった。もっとも、この機械自体は、すでにアイディアとして実用化ずみであって、とくにオリジナルな発明ではないというが、それでも簡易で正確に起動するメトロノームが普及したおかげで、西洋音楽はどこの会場でも、おなじルールで演奏速度を決定できることになったのである。

ベートーヴェンとメルツェルの同居が、なににつけても奇妙である。しかし、それが現実だったのだ。渡辺裕氏によれば、ベートーヴェンこそ、楽器の機械的改良にもっとも関心をよせ、実をあげた時代の寵児であった。ピアノの鍵盤やペダルは、ベートーヴェンの生涯の進行とともに、格段の改良をうけ、音質の保全や演奏会場への対応を実現していった。メルツェルを最大の盟友と認識したのは、ほかならぬベートーヴェンだったのである。

「機械仕掛けのベートーヴェン」。このコンセプトは、われわれをいたく驚愕させる。あの気むずかしい面の作曲家が、一八世紀末以来のハイテク・カルチャーにはまりこんでいたとは。むろん、ベートーヴェンだけではない。ウィーンからも、ついではロンドンでも、楽器という機械は急速に進歩をとげていった。ロマン派の音楽家たちで、これの恩恵にあずからなかったものは皆無であろう。いや、古典派だろうが、ロマン派だろうが、楽派や主義にはまったく無関係に、楽器という機械への関心とその改良が共通事として、語られたのであった。

産業と機械の時代にあって

意外な発見である。しかしながら、けっして唐突な事態ではない。というのも、メルツェル兄弟の機械改良は、なにも音楽の世界だけにとどまるわけではない。一八世紀の末とは、まさしく産業革命の開始時期にあたっており、産業機械や農機具、運搬機械にいたるまで、あらゆる機械の領分において、めざましい開発競争が進行していた。蒸気紡績機はすでに一七六〇年代にジェームズ・ワットによって、また蒸気機関による汽船は一八〇三年にフルトンによって。これらは、開発された蒸気機関というエネルギー装置を、あらたに工夫された多数のメカニズム装置にむすびつけ、機械をもって人間の作業に代替できることを、つぎつぎに証明していった。人や馬にかわって船舶・車輛を牽引できるという証明は、人形によってトランペットを演奏できるというパフォーマンスと、まったくおなじ意味を体現していたのである。

機械装置による、人間能力の拡張と代替。それは、音楽以外の芸術分野でも、話題になりはじめた。画家たちが、興奮してとりくんだのは、リトグラフ（石版印刷）である。リトグラフは、一八世紀の末葉、フランス革命の余波もかまびすしいドイツで、ひとりの作家・職人ゼネフェルダーによって発明された。先行者のない、まったき発明である。チェコ生まれのゼネフェルダーは、自作の戯曲をより簡便に印刷して配布する方法がないものかと、思案した。試行錯誤のすえ、かれは石灰岩のうえに脂肪酸溶液で描写して、表面に化学変化をおこさせ、その部分だけがインクをはじくように細工できることを発見した。一七九八年のことである。

かねて利用されてきたのは、木版と銅版の印刷術である。これらは、版面に物理的に傷をつけて凹面とし、これを反転させて印刷する方式をとっていた。すでにすぐれた作品も続出してはいる。しかし、なにぶんにも作業は複雑であり、しかも微妙な表現力をさしむけにくく、また多部数の印刷にはむかなかった。その点にかんしては、石版は化学反応をもちいるだけあって、熟練や経費がはるかに軽微ですみ、しかも複製がきわめて容易である。化学反応が、描写された版面を保存する。この原理は、物理力をつかう銅板よりは、はるかに想像力を刺激したであろう。産業革命の時代にいかにもにつかわしい。機械や熱量を援用しないまでも、メカニズムが描写や複製を推進するという、この発明の説得力。

リトグラフは、たちどころに受容された。文書や楽譜、素描、どれにもリトグラフは、ひとして応用された。ことにロマン主義の作家や画家たちは、きそってリトグラフ技術者をよびよせ、大量の複製を世にはなった。リトグラフ革命といってもよい。均質のコピーを、安価に迅速に供給できること、芸術にとって未知の領分がひらけていった。

この発明は、いくらか表現をかえてみれば、メトロノームとよくにた意味を体現しているといえよう。技術や機械が、芸術表現にとって有用な武器となること、そして少数の受益者のためではなく、つどった公衆や遠方の愛好者にむけて、貴重なオリジナルに技術手段による細工をほどこし、忠実なコピーを届けること。芸術家にとって、これは責務でもあり、愉悦でもある。産業革命の思想は、芸術の領分において、独特のしかたで拡延していった。これこそ、じつは一八世紀から一九世紀にうつるヨーロッパにあって、もっとも重大な変化だったのかもしれない。ことによると、うわべだけの雑音がかしましい古典主義やロマン主義の競技場よりも、もっと着実な成果達成の競争が、技術のフィールドで開始されていたようにもみえる。

第九章　静穏の一八二〇年代

ウィーン体制の確立

ナポレオンがついにその死命を制されて、野望もはてた一八一五年春、ヨーロッパには、ひさかたぶりの安寧が訪れた。エルバからの脱出に浮足だった諸国も、このたびは自信をもってナポレオン時代の終焉を確信することができた。迷走をつづけてきたウィーン会議も、とうとう結末をむかえる。一八一五年五月、ウィーン議定書の暫定決議が採択されて、ゆるぎない結論がみちびかれたものと感じられた。

ナポレオンは大西洋のかなたセント・ヘレナ島に遠流となり、心安んじてヨーロッパ列強は、自前の計画による協力体制をおしすすめることが可能になった。敗戦国たるフランスは、外相タレーランのもとで、たくみに戦争責任の回避に成功し、いったん拡張した勢力をもとのままの状態に縮小させるだけで、非難をすりぬけた。つまり、ナポレオン親族の王朝の廃止をうけいれ、革命以前の国境線で満足するむね、天下に公言して、万事がおわったのである。ルイ一八世の王権が復活したために、ほかの国の王政に安堵の念をあたえた。

かたや、フランスの対敵たるオーストリアは、ひとまずは戦勝国として、利益を強請すべきところであったが、かえって慎重な戦略にしたがい、穏健な立場をえらんだ。ウィーン会議の舞台まわしを務めた外相メッテルニヒは、会議の成果をほこるためか、あるいは名より実をとったのか、無難な結論を提唱して合意をえた。オーストリアは西方への野望を放棄し、それにかわって帝国の南方、つまりイタリアに影響圏を創設した。いや、再建したというべきか。というのも、かつて中世の普遍帝国は名義上は、イタリアをその版図であると定義していたのだから。北イタリアの一帯は、ウィーン王室の支配下にはいったが、このことがオーストリア帝国にとってかなりな重荷になろうとは、この時点では、想像のしようもなかったであろう。

もっとも、オーストリアにとっては、ナポレオン以後のヨーロッパにあって、ロシア帝国の発言力がますます強化されることへの警戒が、たちまさっていたようである。この東方の巨人だけは、ナポレオンの洗礼をまったく浴びることなく、旧来の路線をひたすらに継承して、ヨーロッパへの圧力をつよめつつあったから。ロシアを牽制するためには、オーストリアすらも西方の国ぐにへの融和策を講じて、穏便な和平路線を維持せざるをえなかった。やがては、ロシアへの対応法がすべての西ヨーロッパ国家の課題になってゆくであろう。

スペイン、ポルトガル、それにオランダなど、ナポレオン帝国の余波をうけた国ぐにはといえば、すべてこともなかったように、旧状にもどった。問題がのこるといえば、もっとも波乱ぶくみのドイツである。ナポレオン戦争にあって戦功のあったプロイセンは、オーストリアとともにドイツ政治につよい発言力を維持した。すでに一八世紀にあらわとなったドイツの二元主義は、ここではますます鮮明なかたちで、戦後の体制をリードすることになる。プロイセンとオーストリア、このふたりのドイツ兄弟は、ここでもことごとに異なった利害に固執するであろう。

だが、そのほかのドイツの諸邦は、旧体制からすれば、はるかに整理されたかたちではあれ、いまだ三九もの単位に分割されたうえで、まとめてドイツ連邦を結成した。三九のうちには、プロイセンとオーストリアもその領土のごく一部を割愛するかたちで参加したし、ドイツ内に領地をもつイギリス、オランダ、デンマークの王室も員数にくわえられた。はなはだ奇妙な連邦だったのである。フランクフルトに連邦議会をもち、各邦が拠出する兵員による連邦軍までそなわったものの、実効力にはきわめて疑いがあった。かつての神聖ローマ帝国よりは、いくらか未来への希望がみえてきたという程度の進歩であった。あいかわらず、構成員たる諸邦や自由都市は、自己の個別の利益にかたくなにこだわって、ドイツ統合への道はとざされたままである。

ウィーン議定書が締結されたのち、一八一五年九月には、神聖同盟なる国際機構が創設された。オーストリアとプロイセン、それにロシアとが、それぞれのキリスト教宗派を代表して結成をよびかけ、「キリスト教の精神にしたがって、誠実な統治のために協和」しようというものだった。ヨーロッパの諸君主のうち、ローマ教皇とオスマン帝国のスルタンをのぞくすべてが参加し、「君主」の親密な同盟として、ヨーロッパの平和に責任を分担しようと約定した。むろん、これは善意というよりは、保身と反動の意図がまるみえであり、その共通項がうけいれられるときのみ、有効に機能するはずである。

神聖同盟の寓意図（水彩画、ウィーン博物館）

　島国のイギリスのみが、大陸の趨勢にたいしていたって懐疑的であり、フランス革命の余波からまぬがれた漸進的な改革の実績を、着実につみかさねてゆくであろう。これが、ウィーン会議ののちのヨーロッパ世界の見取り図である。世上、「ウィーン体制」とよばれ、じっさいにもオーストリア帝国の外相、のちの宰相であるメッテルニヒが、すみずみまで監視の目をひからせる厳格な国際政治システムにしあげられた。

　現代の人類にとっては、こうした国際政治の体制は、さして奇異な感をうけないであろう。しかし、いまだ国民国家の枠組みすら確立していない一九世紀初頭にあって、はやくも国家間の利害を調整する機構がまがりなりにも成立したとすれば、それはたいそう驚くべきことである。かりに先駆者をもとめるとすれば、一六四八年に締結されたウェストファリア条約を事例にひくことができるかもしれない。ただし、三十年戦争を収拾した条約は、たしかにヨーロッパの大多数の国家の参加をえたにしても、じっさいにはたんに戦後処理の応急策という性格がこく、とても国際秩序を構想できるような状況ではなかった。ウィーン体制こそ、現代につづく国家間連繫の最初の試行であった。それが、いかに君主たちの保守エゴイズムの所産であったにせよ。

ブルシェンシャフトの熱狂

革命と戦争にあけくれた二五年のすえに、ウィーン体制の和平がおとずれたとき、ともかくもおおくのヨーロッパ人にあっては、安堵の気分がいやまさったことであろう。また落ちついた日時がたちもどったのだから。

けれども、騒動の二五年のうちに着火された情熱は、どこに埋葬されるのだろうか。ナポレオンの没落にドイツの解放の僥倖をみようとした、若いドイツ人たちのあいだには、ウィーン会議に並行して、あらたな仕組みへの期待がたかまった。一八一五年、ドイツ各地の大学では、学生同盟（ブルシェンシャフト）が結成されて、民族の夢がかたりあわれた。かれらなりに、ナポレオン後の時代に希望を託したのであった。学生らしい善意と無謀とにささえられて、ブルシェンシャフトは熱狂の結集場となる。ひさかたぶりに、いやことによるとはじめてドイツ人学生の耳に、政治への共感がふきこまれたといえる。政治の時代は、まだ熱度をたもっている。

一八一七年は、ルターの宗教改革から三〇〇年の記念祭にあたる。とりわけプロテスタント圏の学生にとって、想起すべき重大な事件である。その年の一〇月一七日、東部ドイツ、ワルトブルクの森で、ブルシェンシャフトの大集会が開催された。数千の学生がつどったといわれる。ワルトブルクは、はるか中世の昔から、土俗の祭りが演じられた土地。超自然の魔力が宇宙から地上にふりおちる感涙の里でもあった。しかもまた、ルターが聖書のドイツ語訳をなしとげた地。ドイツの解放と情念の飛翔。学生にとって、それは古来の乱痴気騒ぎをこえる、なにか意味ありげな会合となるべきものであった。

だれが指導と煽動にあたったのか、あまり明白ではない。ワルトブルクの森では、つどいきた学生たちが、民族と人類の自由に敵対する書物を火焔のなかにほうりこみ、さかんな気勢をあげた。それは、ゲルマンの神を招来するための夜火か、あるいは魔女を焼却する劫火のように、かつてとおなじく暗い森と空を焼きつくした。三〇〇年の昔、ルターの改革にあっても、おなじ炎がいやがうえにも熱狂をもりあげていったのであるが。名誉と自由と祖国という標語が選択され、それを表示する赤・白・黒の三色旗が発案されて、ひるがえった。「ワルトブルクの森」ののちも、ブルシェンシャフトの学生たちは、各地でさかんに、若く未熟だとはいえ、熱っぽいメッセージを発しつづけた。ドイツの歴史のなかで、大学生が政治にかかわりを求めた、最初の運動といってもよい。当然のことながら、ドイツ連邦の政府は、警戒をおこたらなかった。そこへきて、一八一九年、衝撃的な事件が勃発した。ブルシェンシャフトの学生がひきおこした暗殺事件である。それは、じつに不思議な仕組みをもつ事件であった。

暗殺の標的にえらばれたのは、ブルシェンシャフトを批判、攻撃するひとりの文学者である。アウグスト・フォン・コッツェブ。ときに、五八歳。戯曲作家として知られ、フランス革命にはじまる激動の時代にあって、その言動も注目をあびてきた。あるときは、ゲーテをはじめとする泰然とした文芸思潮をやりだまにあげてきたし、ドイツの解放後には、ブルシェンシャフトの激発を稚気にみちた児戯だとして、さかんに揶揄した。このことが、若者をいらだたせたのであろう。カール・ルートヴィヒ・ザントなる学生が、刺殺を思いたつにいたったのである。

アウグスト・フォン・コッツェブ（F. ティシュバインの原画に基づく銅版画）

早くは、ウィーンの宮廷劇場の座付き作家として人気を博し、しゃれた巧みな筋立てによって、当代第一の戯曲作家として遇された。知られるとおり、ベートーヴェンの舞台音楽のいくつかは、コッツェブの原作にしたがっている。

《祝典劇「アテネの廃墟」のための音楽》（作品一一三）は、『アテネの廃墟』をもとに作曲したものである。また、《祝典劇「シュテファン王またはハンガリー最初の善政者」のための音楽》（作品一一七）も、コッツェブの『シュテファン王』にもとづく。これらはどれも、一八一一年の作品とされるが、その時代らしい勇壮なモティーフにみちている。

そのコッツェブはといえば、一八一一年にはロシアにいた。というのも、ナポレオン支配下のドイツにあって、皇帝の君臨をはげしく非難し、亡命者としてロシア皇帝政府に庇護をもとめていたからである。だから、ナポレオンがモスクワの冬将軍に撃破されて、たちどころに敗残への道をたどりはじめたとき、コッツェブの立場はにわかに陽光をあびはじめる。

一八一七年、かれはほとんど凱旋のようなさまで、ドイツに帰国する。ただし、ながらく恩義をうけたロシア政府にたいして、ドイツ情勢の報告を任務として引きうけてのうえだったようだ。ナポレオン嫌いだったコッツェブであったが、さりとてウィーン体制の擁護に忠誠をつくすというわけでもない。くわえて、ブルシェンシャフトの未熟な政治主張については、ほんのわずかな共感すらしめさない。もちまえのレトリックで学生たちに冷笑をあびせた。その切れ味のよさが、ドイツの読者たちを魅了もした。

コッツェブはロシアのスパイである。そのように学生が理解するのも、無理からぬところがあった。一八一九年の惨劇は、その結末である。ウィーン体制下のロシアは、反ナポレオンの救世主から、一転して最大の保守勢力とみなされ、メッテルニヒですらその強大化をしきりと牽制せざるをえなかった。学生たちは、ロシアこそウィーン体制の黒幕であるとして、憎悪をむけるにいたった。そのロシアのスパイが、ブルシェンシャフトに攻撃をしかけている……。いかにも短絡した発想であるが、それが学生運動の現実であったのだろう。

人気作家の横死は、ドイツ人に衝撃をあたえた。けっして体制の擁護者とはいえないものの、おおきなスキャンダルである。ドイツ諸邦の当局者は、ブルシェンシャフトへの危機感をつよめ、これの禁圧を必要と認識しはじめた。ひとりの作家の死が、ウィーン体制にたいして、さらなる引きしめへの動機をあたえることになる。

各国政府による試案をへたあと、同盟国はこぞって危険分子にたいする抑圧のために、規約づくりに協同した。一八二〇年、ウィーン議定書の最終案文に、これらは緊急に収容されて、同盟の基本姿勢として承認された。その合意にもとづき、ブルシェンシャフトは解散を命じられ、大学には峻厳な監視の目がひかるようになる。むろん、ドイツばかりのことではない。同盟国は、利害を共有するのであるから、その措置はウィーン体制そのものの思想の表現であった。

ドイツ精神の再興へむけて

国際政治秩序の形成をめぐって、試行錯誤や反発がつづいたことは、たしかである。当初からの計画にもとづいてウィーン体制が建設されたわけではないのだ。ぎくしゃくが起こるのも当然であろう。けれども、一八二〇年のころまでには、ほぼ安定した状態に到達したようである。むろん、検閲や監視といった手荒な抑圧機構をもふくめてのこと。不満はあちこちに潜在したとしても、さしあたりは平和の代償として受苦されうるものであった。メッテルニヒの反動体制として、おおくの歴史家たちによって悪しざまに評価されてきたとはいえ、当代の大多数のヨーロッパ人には、じゅうぶんに納得できる戦後処理法であった。

すくなくともヨーロッパ内部にかんするかぎり、一八四八年にいたる三十数年間、国際紛争を回避し、一国が他国に侵攻するといった暴挙を未然にふせぐ役割をはたした。諸国の合意と参加による協定が、勢力の均衡を保障しうることを経験をもって認知させたのである。初期の混乱が収拾されたのち、一八二〇年代になると、ヨーロッパ諸国には「静穏の二〇年代」とよばれる安定期がおとずれた。治安当局による監視にたいして、いささかの嫌悪が表明され、旧制度時代の自由をなつかしむ者もあったというが、それとても一世代もの昔をかたる郷愁というべきであろう。

表面上は、どこの国にもかつての貴族社会が復活したかにみえる。ベートーヴェンのウィーンでも、正統回帰の色彩が濃厚で、変革のきざしは古来の文化のなかに呑みこまれてしまったかのようだ。五〇歳代の成熟にたっした作曲家はふたたび、楽曲をうけいれ、献呈をよろこぶ王侯貴族たちをまちのぞむ。一八二四年を頂点として、晩年の傑作を構想するベートーヴェンが、プロイセン国王たちに献呈の栄誉の下賜を期待するのも、時代の潮流としては、ごく自然のいきおいであった。《第九シンフォニー》は、残念ながら、国王によって手厚く応報されたわけではないようであるが。

一八一五年からはじまる「戦後」の一時期、ベートーヴェンにとっても不本意なスランプがつづいたといわれる。それは、ウィーン体制の誕生にともなう社会の変動とは無関係な事態であり、むしろ耳疾の進行や中年の生理不順に起因するものであろう。けれども、かれにとっても、一八二〇年代をむかえて、ようやく輝かしい円熟がおとずれようとしていた。《第九シンフォニー》と《ミサ・ソレムニス》という巨大な峰をとりまいて、西洋音楽史の奇跡というべき数年間がはじまろうとする。

だが、それはひとりベートーヴェンばかりのことではなかった。たとえば、「静穏の二〇年代」が出発した一八二一年をとりあげてみよう。おない歳の哲学者ヘーゲルは、創設されたばかりのベルリン大学に招聘されて、円熟の講義を学生にむけてとどける。講壇の人気を独占したといわれる『法の哲学』は、この年に出版される。世界史の哲学を法と政治の舞台に読みかえた著作は、しばしばプロイセン国家との密着のゆえに、その邪心をいいつのられるが、じっさいにはもっと深遠な近代社会原理を眺望するものであった。欲望の体系としての国家、つまり成立しようとする近代国家の原理を、はるか遠方までみすかしてしまったからである。ナポレオン戦争からドイツの解放へのプロセスを体験してきたヘーゲルには、いまではヨーロッパ諸国の成長が、みずからの哲学の妥当性をみごとに検証するものと思われたのである。

おなじ年、すでに老年にたっしたゲーテは、いまだ若々しい感性をみなぎらせて、『ヴィルヘルム・マイスターの遍歴時代』を完成させる。「修業時代」でみせた不安なロマン主義感覚は、ここでは英知にみちた世界知への探索と人間性の熟成にとってかわる。「教養」小説の原型をうみだしたと評価される大河作品は、ゲーテとヨーロッパのながい苦難と学習の結果として、ヴィルヘルムというひとりの規範的「人間」をうみおとしたのである。その人間探索は、やがて『ファウスト』の第二部完結篇（一八三一年）へと、継続されてゆくはずである。

ヴェーバーの《魔弾の射手》が初演されるのも、一八二一年のことであった。ドイツ・ロマン派音楽の最高峰とされるこの作品は、政治上はゆるぎになやむドイツ人にとって、共通に受容できる民族的感性の存在を、いやがうえにも証明してみせた。それは、かつて一八世紀に哲学者ヘルダーが、理論上はありうると予測した民族性について、現実の場で発現してみせたものである。

いまひとり、ドイツ人にとっては、いかにも縁どおい領域から、その精神の表現にむかった人物を想起しておきたい。画家カスパル・ダヴィット・フリードリヒである。宗教改革の時代から、ドイツにおいては造型芸術は宗教上の理由で、懐疑の対象とされてきた。禁忌とまでいわずとも、慎重なあつかいが要請された。同時代のフランスやスペイン、オランダ、ついでイギリスにおいて、バロック以降の隆盛が美術と建築の分野でしるされてきたのにくらべ、ドイツでは造型のために投入されるエネルギーは、ごく限られていた。ウィーンの宮廷やバイエルンなど、ごく一部の例外はあったにせよ、全体としては美術後進国の印象はぬぐいがたい。プロテスタント世界には、美術は成り立ちえなかったのであろうか。

フリードリヒは、そのプロテスタントのただなかから生まれた。ザクセン王国の首都としてすでにドイツ・バロック建築の蓄積があったドレスデンが、その拠点である。しかしバロックの優艶さとはちがい、フリードリヒは内面に潜行する特有の精神性に、絵画の道を発見しようとこころみた。それは、形式上はロマン派の風景画というすがたをとりながら、むしろ内面の風景を描写しようとする。ロマン派の定義が一面で主張するような「疾風怒濤」の歓喜とはほどとおく、芸術の象徴表現力を信頼する慎みぶかく、しかし確信にみちた精神の表現であった。

「リューゲン島の白亜岩」（フリードリヒ作、油彩画、1818–19年、オスカー・ラインハルト美術館、ヴィンタートゥール）

ナポレオン戦争のまっただなか

で、その技法を開発してきたフリードリヒは、戦後になってドレスデン・アカデミーの教授となり、固有の様式を確立する。「リューゲン島の白亜岩」（一八一八—一九年）、「月を見つめる二人」（一八一九年）をはじめ、象徴的風景画の最大傑作が、この前後に制作される。フリードリヒとともに、ドイツは絵画表現にはじめて自信を獲得したのではなかったろうか。それはほとんど、デューラーやホルバインの時代以来、三〇〇年も経過した世紀における再生であった。内面をのぞきこむことで、外面表現たる絵画が成立しうることが、ロマン主義の巨匠によって証明された。それは、ひとつの発見というべきであろう。こののち、スイスをふくむドイツ語圏にあっては、象徴や幻想をもって絵画をつくりだす独特の民族的伝統が、しだいにあらわになってゆく。のちに表現主義の名のもとで、現代芸術に革新をもたらすはずの伝統の創始である。

一八二〇年代に明白となった、ドイツの学問と芸術の再興。一八世紀の啓蒙主義時代にはきら星のように輝いたドイツが、ひさかたぶりにその声価をとりもどそうとする。個人的事情から不調におちいっていたベートーヴェンが、自信をとりもどしてドイツ音楽に生気をあたえはじめるのも、まさしくその背景においてであった。その作曲年譜をひもどけば分かるとおり、ベートーヴェンの晩年は前人未踏の野をゆくかのような、充実をしめしている。内面の深化、技法の完成。いずれをとっても、二〇年代の到来をまっていたかのようである。

国際政治における「静穏の二〇年代」を、ドイツにおける精神の復興とみなす見方にたいしては、しかしまったく正反対の証言がないわけではない。メッテルニヒによる強硬な抑圧政治は、ひとびとの思考を制約し、自由な発想の飛躍をおしとどめた。有為の人物はといえば、ごく無難な小市民的活動に逃避してしまい、ほどほどに率直で穏当な規模の表現にとじこもってしまう。自己満足の牧歌的雰囲気が、ドイツとオーストリアとに瀰漫《びまん》して、凡庸な文化が優勢にたつ。偉大さよりは、ちんまりとした世俗の安心が、芸術の主調音となってしまった、というのだ。

この見方は、それを過去の惰性として非難する後知恵のかたちをとって、一八五〇年代に提示されたものである。小市民の怯懦《きょうだ》を現身《うつしみ》とした人物像を創造して、これにビーダーマイヤーなる架空の名称をあたえた。揶揄の対象として、おおいに過去からの離脱がよびかけられたのであった。もともと架空の人物であるからして、その時代を代表させるわけにもいかぬが、ウィーン体制の不如意を表現する方途として、ビーダーマイヤー論はそれなりの成功をおさめたことも事実である。

一八一五年からはじまる「ビーダーマイヤー」時代とは、おもには家具調度や建築の様式にあてられ、あるいは教養主義的な市民小説にもその原型をもとめられて、それなりに時代の様相を反映してもいる。けれども、それを現実の一面とみなすにしても、二〇年代の再生のありさまをみてきたわたしたちは、ドイツにあって力強い充実が実現にむかっていることを、より強調せざるをえないように思われる。それは、難局をのりこえ、自身の力量と課題についての認識をとりもどしたドイツの時代精神であった。「英雄（エロイカ）の時代」が、たちもどってきたのである。

巨匠たちの退場

「静穏の二〇年代」が、実りゆたかにすすんでゆくあいだにも、挿話というべき事件はあった。なかでも、ヨーロッパにとって死角ともいうべき東方での一件は、波乱ぶくみとなった。ギリシアの独立戦争である。ナポレオン時代に民族としての自覚をうながされたギリシアの愛国者たちが、ときの支配者オスマン帝国からの離脱をとなえはじめた。二〇年代には、武力蜂起にいたり、一八二二年には「国民議会」を結成して独立を宣言する。

かつて古典ギリシアの故郷であったその地は、ながらくイスラム世界に糾合され、オスマン帝国の領域にくみこまれてきた。ヨーロッパ人はそのことに鈍感ではなかったとはいえ、事態が変更できるものでもない。ただ古代への郷愁としてのみ、話題の対象となりがちであった。コッツェブの戯曲『アテネの廃墟』がベートーヴェンによって舞台音楽にしたてあげられたとしても、その廃墟が生身のギリシア人の手で、復活の拠点としてよみがえるとは、だれも予想しえなかったであろう。

ヨーロッパ文明の始祖としてギリシアを回顧するひとびとが、ギリシアの独立を熱望するようになった。「ギリシア愛好協会」を名乗る知識人や作家たちが、醵金による援助をもうしでた。ウィーン体制に窒息感をいだいていた自由主義者が、その情熱のはけ口をギリシア支援にもとめたともいえる。だが、体制擁護派すらも、ことギリシアとなれば動乱の進行にこころ躍らせたのである。

現実の政治では、ギリシア独立に利益をみるロシア帝国が、オスマン帝国への対抗からあからさまに援助をつよめ、かたやそれを警戒するメッテルニヒがおしとどめるという構図が成立した。だが、蜂起は戦闘にすすみ、ロシアばかりかフランス、イギリスの支援をうけたギリシア独立軍は、一八二七年までにオスマン帝国軍を撃破して、事実上の独立を完遂させた。ウィーン体制にとっては破調というべき事件であったが、それ自体が秩序の崩壊につながるわけではなかった。ギリシアは、一八三〇年のロンドン会議で正式に独立が国際的に承認された。

一八二七年、ルートヴィヒ・ファン・ベートーヴェンは、五六年の生涯をとじた。静穏の二〇年代にあって、じつに不断の登高をつづけたすえのことである。だが、ふしぎな偶然というべきか、ベートーヴェンとならんで、その時代を演出したおおくのドイツ人芸術家も前後して退場していったのである。

ヘーゲルは、すこしおくれて一八三一年に、またゲーテは三二年に、世をさった。ともにドイツの苦難と栄光を背負いつつ、いまようやくその任務を完了させて退場していったかのようだ。これば かりではない。ロマン派の文学や音楽の創始にたちあったひとびとも、あいついで立ちさってゆく。作家ホフマンは一八二二年、作曲家ヴェーバーは一八二六年、シューベルトは一八二八年、哲学者シュレーゲルは一八二九年に。ドイツ精神の再興に関与した巨人たちは、まるでその成果をすっかりと見届けるかのように、仕事をおえて別れをつげたのである。

その退場と踵《きびす》を接するかのように、ヨーロッパの国際政治には動転が開始された。一八三〇年、パリでおこった七月革命は、ブルボン家の王政を最終的にほうむりさった。ルイ・フィリップの市民的王権がとってかわった。七月革命に刺激されて、ベルギーが隣国オランダから独立した。ポーランドでも独立をもとめる運動がもえさかった。ドイツでも、いくつかの領邦では、立憲政治への移行が模索された。ウィーン体制は、急速にほころびをみせはじめ、抑止がききがたい状態に突入した。

一八三二年、南西ドイツのハンバッハで、ひとつの祭典が催された。各地からつどった職人や知識人が、ハンバッハで政治上の自由について論じた。抑圧された自由の回復が、公然とかたられたのである。祭りの熱狂とともに、ドイツの政治にたいする変革要求が、いまやおしとどめがたいことを立証した。一八一七年のワルトブルク祭りは、若い学生の軽挙として看過することもできた。しかし、一五年後のハンバッハの祭りは、ウィーン体制のなかでも事態がじわじわと進行していたことをしめすものだろう。

時代は、一八三〇年代をむかえて、根底から変化をこうむりだした。一八四八年の革命にいたるまで、変動の時間がながれるだろう。巨匠たちが退場したドイツの精神界にあっても、いわば戦後世代が登場して、構図の変容はあきらかになる。

ベートーヴェンとともに歩んだ「英雄の世紀」は、こうして幕を閉じる。英雄たちは、ついに近代を造作しおえたのである。その近代は、まだまだ未成熟のまま。おそらくは、これから巨大な社会的力動が、ほんとうの近代の実を結ばせてゆくだろう。

しかしながら、一八世紀と一九世紀の交にあって、ベートーヴェンとその同時代人たちが、必死の形相で創造した近代世界の母型は、消滅することはない。後発のドイツから発話された、咽をひきしぼるような嗄《しわが》れ声であっても、かならずやヨーロッパ近代の貴重な資産として、ひさしきにわたり受けつがれるはずだ。「英雄の世紀」をたどってきたわたしたちの道程は、こうして心安んじて終止符をうつことにしたい。

主要参考文献

『世界歴史大系・ドイツ史2』山川出版社、一九九六年。

丹後杏一『オーストリア近代国家形成史』山川出版社、一九八六年。

末川清『近代ドイツの形成』晃洋書房、一九九六年。

G・シュタットミュラー『ハプスブルク帝国史――中世から1918年まで』丹後杏一訳、刀水書房、一九八九年。

M・フォン・ベーン『ドイツ十八世紀の文化と社会』飯塚信雄他訳、三修社、一九八三年。

R・コゼレック『批判と危機――市民的世界の病因論』村上隆夫訳、未来社、一九八九年。

成瀬治『伝統と啓蒙――近世ドイツの思想と宗教』法政大学出版局、一九八八年。

坂井栄八郎『ゲーテとその時代』朝日新聞社、一九九六年。

E・ヴァイグル『啓蒙の都市周遊』三島憲一・宮田敦子訳、岩波書店、一九九七年。

渡辺護『ウィーン音楽文化史』上下、音楽之友社、一九八九年。

渡辺裕『音楽機械劇場』新書館、一九九七年。

A・M・ハンスン『音楽都市ウィーン』喜多尾道冬他訳、音楽之友社、一九八八年。

N・ザスロー編『啓蒙時代の都市と音楽』「西洋の音楽と社会6」樋口隆一監訳、音楽之友社、一九九六年。

A・リンガー編『ロマン主義と革命の時代』「西洋の音楽と社会7」西原稔監訳、音楽之友社、一九九七年。

F・ナイト『ベートーヴェンと変革の時代』深沢俊訳、法政大学出版局、一九七六年。

C・ダールハウス『ベートーヴェンとその時代』杉橋陽一訳、西村書店、一九九七年。

T・W・アドルノ『ベートーヴェン——音楽の哲学』大久保健治訳、作品社、一九九七年。

大宮真琴他監修『鳴り響く思想——現代のベートーヴェン像』東京書籍、一九九四年。

M・ソロモン『ベートーヴェン』上下、徳丸吉彦・勝村仁子訳、岩波書店、一九九二、九三年。

セイヤー『ベートーヴェンの生涯』上下、大築邦雄訳、音楽之友社、一九七一、七四年。

学術文庫版あとがき

二〇二〇年一二月、ルートヴィヒ・ファン・ベートーヴェンは生誕二五〇年を迎える。それをとば口にして、わたしの古い記憶を蘇えらせている。生誕二〇〇年、つまり五〇年前の一九七〇年に試みたベートーヴェン詣でのことだ。むろん、あまりに昔のことなので、正確な記憶とは言い難いのだが、そこはお許しいただくとして。

その時、わたしは初めてドイツの地をふんだ。ケルンに宿をとり、なにはともあれ所用もあって近傍の古都、ボンへ急いだ。当時、西ドイツの首都だったボンは、あまりに田園都市風なのにびっくり。ベートーヴェンの生家も、ひっそりと市内に佇んでいて、これまた気が抜けてしまった。それなら、いっそうのこと作曲家にならって、繁華の都ウィーンに標的をむけたら。しばらくして別の用務をみつけ、オーストリアの首都に向かった。

無案内のウィーンの市街で足跡を探りもとめたが、なかなか得心がいかなかった。かくなるうえは、極めつけの故地へ向かってみたらどうだろう。ということで、当時は不便だった市街トラムを乗りついで、北の郊外、ハイリゲンシュタットの村を目指した。もちろん、ベートーヴェンの生涯のうちでも、とびきり重要な事件の地。かの「遺書」が執筆された旧宅が残る。

ドナウ川を見下ろすハイリゲンシュタットの丘の風景が、すっかり気にいってしまった。鬱屈した日常から解放されたいと祈念したベートーヴェンは、生涯にいく度もこの地を退避の場として選んだ。近傍の丘の小路を散歩して、曲想をねった。まだ写真がなかったころだが、想像図と称してあの無粋な衣装の大作曲家が丘の道をゆく光景が、記念館に公開されていたほど。

ハイリゲンシュタットを探索して、すっかり満足したわたしは、ベートーヴェン時代にはまだなかったはずのホイリゲ（居酒屋）で、たっぷりと白ワインの杯をかたむけた。じつは、その折を初回として、のちにいく度もこのホイリゲに通った。ときには、丘ならびのカーレンベルクの頂きにまで足をのばして、壮大なウィーン俯瞰に溜息をついたものだ。

それにしてもなぜ、風光明媚の丘で遺書などに手をそめたのだろうか。人並みに詮索してみる。率直にいって、その文面からして遺書とは読めないではないか。あえていえば、裏返した決意の表明とすらみえる。

その推察の当否はともかくとして、作曲家をめぐって、音曲をはなれて書面をとりざたするとは、どういう見識なのか。ことによると、ベートーヴェンという人は、音楽に人生の起伏を読みとりたくなる芸術家モデルなのかもしれない。耳疾や遺書であれ、女性や係累であれ、家計や資産であれ。

ベートーヴェンは、先行する著名な音楽家とくらべて、冒険の旅行や身分の獲得といった外向きの波乱に乏しい男だった。ウィーン市内での転居はしばしばだったが、外国や国内行脚で修業するようなことはない。ところが、どうだろう。気分や思想の内面にまで踏み込んでみると、じつに興味深い転変の推察を許してくれる。そんなものだから、つい精密にその人生の脈絡を追跡してみたくなってくる……。

あの「遺書」のころの一八〇二年、かれは第三交響曲のモティーフを抱きはじめていたらしい。それは、やがて「英雄」の名で知られるはず。そうなれば、聴衆は「英雄」探しに出かけることになろう。

そんな推察は邪道だといってもよい。けれども、時代はそのころ、大きく転換を迎えはじめていた。芸術は、あるいは音楽は、ひとりの人生の表現なのだとの推察。ロマン主義への道とつづめていってもいいだろうか。ベートーヴェン自身も、いま危うくもその道に踏み込もうとしていた。だから、わたしたちは、今になっても、遺書に作曲家の人生を探り、そしてやがて来る第三交響曲《英雄》のモデル探しにまで、精出すことになるのだろうか。ナポレオンのことなのか、あるいはプロイセン王族のひとりなのかと。

わたしたちは、《マタイ受難曲》にバッハの人生の苦難や歓喜を読みとろうとはしない。

歌劇《ドン・ジョヴァンニ》のうちに、モーツァルトの心の煩悶を探索しはしない。ハイドンの《びっくり交響曲》に、宮廷への苦情を読みとるのも、行きすぎだろう。だが、ベートーヴェンにいたって、創作された音曲には、生身の人間が引き写しで投影されるようになる。ただし、あまりに後知恵とでもいうべき、過剰解釈の危険がいつも伴うが。たとえば裏切られ続けた女性憧憬と、その結果としての失望を、有名作品の基調として読みとろうとするような。

ちょうどその時代、一八世紀末のドイツで、詩人ゲーテが演劇家の自己形成を主題に、『ヴィルヘルム・マイスター』の「修業編」を完成した。やがて「遍歴編」に取りかかろうとする。ここに、「教養小説」というジャンルが成立する。しかも、英雄的な芸術家をモティーフにして。ベートーヴェンの《英雄》は、この空気を共有したにちがいない。のちに二〇世紀には、ロマン・ロランの大河教養小説『ジャン・クリストフ』が、ベートーヴェンから霊感をえて英雄芸術家の誕生史を語るのも、その延長線上においてである。

ベートーヴェンの「英雄」が、たとえばナポレオンその人であっても、歴史を表象するだれか偉大なほかの人物の仮象であっても不思議ではない。あるいは、ことによるとベートーヴェンその人であるかもしれないのだから。ここで白状するのだが、かつてのわたしはウィーン郊外ハイリゲンシュタットの丘を歩む作曲家の姿のなかに、じつは「英雄」その人を見ぬいたような気分になっていた。

その日からもう五〇年。いま新型コロナウイルスの圧力のもとで呻吟しながら、ベートーヴェンの二五〇年を想ってみる。もう一度、ハイリゲンシュタット詣でが可能になるのは、いつの日だろうか。その時には、報告かたがたこの学術文庫版を手に、ウィーン向けフライトに搭乗しなければ。

二〇二〇年一二月

樺山紘一

関係年表

	政治・社会	学問・芸術・産業
一六一八	三十年戦争はじまる（〜四八）	
一六四二	イギリスでピューリタン革命はじまる	
一六四八	ウェストファリア条約により三十年戦争終結	
一六五八	ライン同盟結成	
一六六〇	イギリスで王政復古	
一六六一	フランス王ルイ一四世の親政はじまる	
一六八三	オスマン帝国軍、ウィーンを包囲 カーレンベルクの戦闘でオーストリアがオスマン軍に勝利	
一六八八	イギリスで名誉革命	
一七〇〇	スウェーデンとロシアで「北方戦争」はじまる	
一七〇一	スペイン継承戦争はじまる プロイセン王国成立	
一七四〇	オーストリア皇帝カール六世死去	

	プロイセン王国フリードリヒ二世（大王）即位
	オーストリア継承戦争はじまる（〜四八）
一七五六	七年戦争はじまる（〜六三）
一七六三	パリ条約締結。「ドイツ二元主義」成立
一七六九	ナポレオン生まれる（8／15）
一七七〇	のちのルイ一六世とマリー・アントワネットの婚儀（5／16）
一七七二	第一次ポーランド分割
一七七四	ルイ一五世死去。ルイ一六世即位
一七七六	アメリカ独立宣言（7／4）

一七四九	ゲーテ、フランクフルトに生まれる
一七五五	ヨハン・ヴィンケルマン『ギリシア美術模倣論』
一七五九	シラー、マールバハに生まれる
一七六七	ヘルダー『近代ドイツ文学論』
六〇年代末	ドイツで「シュトルム・ウント・ドラング」興る
一七六九	ワット、蒸気機関を改良
一七七〇	ベートーヴェン、ドイツのボンに生まれる（12／17？）
	ヘーゲル、シュトゥットガルトに出生
七〇年代	イギリスで産業革命はじまる
一七七四	ゲーテ『若きウェルテルの悩み』
一七七六	アダム・スミス『諸国民の富』

一七七八	フランス、アメリカ独立派とともにイギリスに宣戦	一七八一	カント『純粋理性批判』
一七八三	イギリス、アメリカの独立を承認	一七八四	シラー『たくらみと恋』
一七八六	プロイセンのフリードリヒ大王死去		
	英仏通商条約締結		
一七八七	露土戦争はじまる（〜九二）		
一七八八	合衆国憲法発効		
一七八九	フランス革命の幕開け（バスティーユ事件、7／14）		
	フランス人権宣言（8／26）		
一七九一	ルイ一六世とマリー・アントワネット、国外逃亡を図る（6月）		
	フランス新憲法制定、議会成立（9月）		
一七九二	対フランス大同盟結成（2月）（〜九七）	一七九二	ベートーヴェン、ウィーンに移住（11月）
	パリ、テュイルリー宮襲撃事件（8月）		
	ヴァルミの戦い（9／20）		
	フランスで第一共和政はじまる（〜一八〇四）		
一七九三	ルイ一六世処刑（1月）、マリー・アントワネット処刑（10月）、ジャコバン恐怖政治はじまる		

	第二次ポーランド分割 南仏トゥーロンでナポレオン、頭角をあらわす
一七九四	ロベスピエール処刑（7月）
一七九五	バーゼル条約でフランスがライン川左岸を領有 第三次ポーランド分割でポーランド王国滅亡
一七九七	フランス軍、北イタリアでオーストリア軍を撃破（10月） カンポ・フォルミオの和約
一七九八	ナポレオン、エジプト遠征し（5月）、占領（〜一八〇二）
一七九九	ナポレオン、エジプトから帰国（10月） ブリュメール一八日のクーデタ（11／9） ナポレオン第一統領に就任（12月）
一八〇〇	ナポレオン、第二次イタリア遠征（5月）
一八〇一	ナポレオン、教皇ピオ七世と政教和約（7／16）
一八〇二	レジオン・ドヌール勲章制定 ナポレオン、終身統領に就任
一八〇四	ハイチ、フランスより独立 フランス民法典成立 ナポレオン、フランス皇帝に即位（5／18）。第一

一七九八	リトグラフ発明される
一八〇一	ゲーテ『ファウスト』執筆開始
一八〇四	カント死去 この頃、ベートーヴェン《英雄交響曲》作曲（一八〇三—〇

	帝政成立（〜一四）
一八〇五	トラファルガーの海戦でイギリスのネルソン提督、フランス・スペイン軍を破る（10／21） ナポレオン、ウィーン入城（11月） アウステルリッツの三帝会戦（12／2）
一八〇六	第二次ライン同盟結成（7／12）、神聖ローマ帝国から離脱 フランツ二世退位、神聖ローマ帝国崩壊（8／6） イエナ・アウエルシュテットの戦いでプロイセン軍フランス軍に敗れる（10／14） ナポレオン、大陸封鎖令でイギリスを牽制（11月）
一八〇七	ティルジットの和約（7月）で、フランスはプロイセン、ロシアと講和 シュタイン、ハルデンベルクによる「プロイセン改革」はじまる
一八〇八	ナポレオン、兄ジョゼフをスペイン国王に マドリードで反フランス蜂起（5月）
一八〇九	ナポレオン、ウィーン再入城（5月） シェーンブルン条約締結（10／14）、オーストリ

	四） シラー『ヴィルヘルム・テル』
一八〇五	シラー死去 ダヴィッド、ナポレオンの首席画家に
一八〇六	ゲーテ『ファウスト第一部』完稿 ヘーゲル「絶対精神論」、この頃より形成
一八〇七	ヘーゲル『精神現象学』 フィヒテ「ドイツ国民に告ぐ」講演
一八〇八	ゲーテ、ナポレオンに謁見（10月）
一八〇九	ベートーヴェン《皇帝》

	ア、ナポレオンに屈す
一八一〇	ナポレオン、オーストリア皇女マリー・ルイーズと再婚（4月）
一八一二	イベリア戦争でマドリード解放 ナポレオン、ロシア遠征（6～12月）
一八一三	プロイセン・ロシア連合、オーストリア、ライン同盟、相次いでフランスに宣戦布告 ライプツィヒ諸国民戦争（10月）
一八一四	パリ陥落（3／31）、フランス暫定政権樹立（4／1） ナポレオン、エルバ島へ（4月） ルイ一八世のもと王政復古（5月） ウィーン会議はじまる（9／18）
一八一五	ナポレオン、エルバ島を脱出してパリに帰還（3月）、「百日天下」。ルイ一八世亡命（3月） ウィーン議定書暫定決議採択（5月） ドイツ連邦結成（6／8） ワーテルローの戦いでウェリントン、ナポレオン軍を破る（6／18）

一八一〇	ベルリン大学創設（初代学長はフィヒテ）
一八一三	ベートーヴェン《ウェリントンの勝利》作曲 ベートーヴェン《第七交響曲》公開初演
一八一四	スティーヴンソン、蒸気機関車を開発
一八一五	ドイツにビーダーマイヤー文化興る（～四八）

	ナポレオン退位（6／22）。ルイ一八世パリへ帰還、再び王政復古
	神聖同盟（ロシア、オーストリア、プロイセン）創設（9月）
一八一七	ブルシェンシャフトの大集会（10／17）
一八二一	ナポレオン、セント・ヘレナにて死去（5月）
	ギリシア独立戦争はじまる（～二九）
一八二二	ギリシア国民議会を結成、独立を宣言
一八二九	オスマン帝国、ギリシア独立を承認
一八三〇	パリで七月革命起こる

一八一八	バイロン『チャイルド・ハロルドの遍歴』完結
一八二一	ヘーゲル『法の哲学』
	ゲーテ『ヴィルヘルム・マイスターの遍歴時代』
	ヴェーバー《魔弾の射手》初演
一八二四	ベートーヴェン《第九交響曲》最終的に完成
	ドラクロワ「キオス島の虐殺」発表
一八二七	ベートーヴェン死去
一八三一	ドラクロワ「民衆を導く自由の

	女神」発表
	ヘーゲル死去
	ゲーテ『ファウスト第二部』完結
一八三二	ゲーテ死去
一八四八	パリで二月革命起こる
	ドイツ三月革命起こる
一八六六	普墺戦争でプロイセンがオーストリアに勝利

本書の原本は、二〇〇二年に講談社現代新書『エロイカの世紀』として小社から刊行されました。

樺山紘一（かばやま　こういち）

1941年東京生まれ。東京大学卒。専門は西洋中世史，西洋文化史。東京大学文学部教授，国立西洋美術館長を経て，現在，東京大学名誉教授，印刷博物館館長，渋沢栄一記念財団理事長。主な著書に『歴史のなかのからだ』『ルネサンス』『ルネサンスと地中海』『西洋学事始』『歴史の歴史』などがある。

講談社学術文庫

定価はカバーに表示してあります。

《英雄《えいゆう》》の世紀《せいき》
ベートーヴェンと近代《きんだい》の創成者《そうせいしゃ》たち
樺山紘一《かばやまこういち》

2020年12月９日　第１刷発行

発行者　渡瀬昌彦
発行所　株式会社講談社
東京都文京区音羽 2-12-21 〒112-8001
電話　編集（03）5395-3512
販売（03）5395-4415
業務（03）5395-3615
装　幀　蟹江征治
印　刷　株式会社廣済堂
製　本　株式会社国宝社
本文データ制作　講談社デジタル製作

ISBN978-4-06-522045-0

「講談社学術文庫」の刊行に当たって

これは、学術をポケットに入れることをモットーとして生まれた文庫である。学術は少年の心を養い、成年の心を満たす。その学術がポケットにはいる形で、万人のものになることは、生涯教育をうたう現代の理想である。

こうした考え方は、学術を巨大な城のように見る世間の常識に反するかもしれない。また、一部の人たちからは、学術の権威をおとすものと非難されるかもしれない。しかし、それはいずれも学術の新しい在り方を解しないものといわざるをえない。

学術は、まず魔術への挑戦から始まった。やがて、いわゆる常識をつぎつぎに改めていった。学術の権威は、幾百年、幾千年にわたる、苦しい戦いの成果である。こうしてきずきあげられた城が、一見して近づきがたいものにうつるのは、そのためである。しかし、学術の権威を、その形の上だけで判断してはならない。その生成のあとをかえりみれば、その根は常に人々の生活の中にあった。学術が大きな力たりうるのはそのためであって、生活をはなれた学術は、どこにもない。

開かれた社会といわれる現代にとって、これはまったく自明である。生活と学術との間に、もし距離があるとすれば、何をおいてもこれを埋めねばならない。もしこの距離が形の上の迷信からきているとすれば、その迷信をうち破らねばならぬ。

学術文庫は、内外の迷信を打破し、学術のために新しい天地をひらく意図をもって生まれた。文庫という小さい形と、学術という壮大な城とが、完全に両立するためには、なおいくらかの時を必要とするであろう。しかし、学術をポケットにした社会が、人間の生活にとってより豊かな社会であることは、たしかである。そうした社会の実現のために、文庫の世界に新しいジャンルを加えることができれば幸いである。

一九七六年六月

野間省一